HOLT
2
GERMAN

Komm mit!®

Übungsheft

Teacher's Edition
with Overprinted Answers

HOLT, RINEHART AND WINSTON

A Harcourt Classroom Education Company

Austin · New York · Orlando · Atlanta · San Francisco · Boston · Dallas · Toronto · London

Contributing Writers

Patricia Callahan
Ulrike Puryear
Patricia Casey Sutcliffe

Cover Photo/Illustration Credits
Group of students: Marty Granger/HRW Photo; backpack: Sam Dudgeon/HRW Photo
CD: Digital imagery® © 2003 Photodisc, Inc.

Photography Credits
Pages 25, 32, 33: HRW Photos by George Winkler

Printed in the United States of America

ISBN 0-03-065017-8

4 5 6 7 018 05

Contents

Name _____ Klasse _____ Datum _____

Bei den Baumanns

■ Los geht's!

1 You have been introduced to Sebastian. Now introduce yourself. Answer the questions on the German club introduction form, and then introduce yourself to the club.

Willkommen!

Wie heißt du?

Ich heiße _____.

Wie alt bist du?

Ich bin _____ Jahre alt.

Wo wohnst du?

Ich wohne in _____.

Hast du Geschwister? Wie viele?

Ich habe _____ Geschwister: _____ Bruder und _____ Schwester
Brüder   Schwestern

Welche Hobbys hast du?

Ich _____

_____

_____

■ Erste Stufe

1 The following paragraph describes someone you probably recognize. Fill in the blanks with the appropriate forms of **sein** or **haben**. Then try to guess who the paragraph is describing.

Dieser Mann _____ist_____ sehr alt und sehr nett. Er _____hat_____ blaue Augen und

weiße Haare. Er _____hat_____ eine kleine, goldene Brille und einen langen, weißen Bart.

Er _____ist_____ nicht sehr groß, aber er _____ist_____ ziemlich dick. Er

_____ist_____ sehr sympathisch, und Kinder lieben ihn.

Dieser Mann heißt ___Santa Claus/Nikolaus_____.

2 Choose five of the following adjectives. Use each of them to write a sentence about a famous person or someone you know.

| gut gelaunt | ruhig | intelligent | lustig | nervös | freundlich |
| unfreundlich | sympathisch | neugierig | unsympathisch | schlecht gelaunt |

BEISPIEL   <u>David Letterman ist sehr lustig.</u>

1. __Answers will vary._____

2. _____

3. _____

4. _____

5. _____

3 Choose five of the following sports and activities. For each one you choose, write a sentence telling whether you do it or not and a reason for doing it or not doing it.

Kochen	Gitarre spielen	Bogenschießen	100-Meter-Lauf	Langstreckenlauf
Hürdenlauf	Lesen		Rodeln	
Fechten	Speerwerfen	Kugelstoßen	Diskuswerfen	Weitsprung	Stabhochsprung

BEISPIEL   <u>Kochen finde ich langweilig, weil ich das allein tun muss.</u>   Answers will vary.
Possible answers:
1. __Lesen mag ich, denn Bücher sind phantasievoll._____

2. __Speerwerfen habe ich nicht gern, weil es gefährlich ist._____

3. __Fechten finde ich toll. Das kann man zusammen mit einem Freund machen._____

4. _____

5. _____

4 Read the following letter from Andy to his new pen pal. Complete the letter by filling in the blanks with the correct forms of the verbs in the box.

| essen | wohnen | lesen | kommen |
| spielen | heißen | machen | gehen |

Hallo!

Ich ___**heiße**___ Andy und ___**komme**___ aus Deutschland. Jetzt ___**wohne**___ ich in Texas. Ich bin nämlich Austauschschüler. Ich habe eine Schwester. Sie ___**heißt**___ Christina und ___**wohnt**___ noch in Deutschland. Meine Eltern sind auch noch da. In Texas ___**spiele**___ ich oft Fußball mit meinen Freunden. Wir ___**gehen**___ auch gern bei gutem Wetter ins Schwimmbad. Wenn das Wetter nicht so toll ist, ___**lese**___ ich gern autobiographische Bücher. Tja, und machmal muss ich auch ein bisschen Hausaufgaben ___**machen**___, aber so wenig wie nur möglich! Bitte schreib mir bald. Ich möchte auch gern etwas über dich wissen.

Dein Andy

5 **Basti, Stefan und Eva diskutieren über ihre Familien im Café Gute Stube.** Fill in the missing possessive adjectives. Be sure to use the correct endings.

| mein | dein |
| sein | ihr |

BASTI So, Eva, ist ___**dein**___ Bruder hier in der Stadt?

EVA Nein, ___**sein**___ Freund Tom aus Amerika ist hier zu Besuch, und sie sind zum Wochenende nach Regensburg gefahren.

BASTI Toll! Und du, Stefan, hast du Geschwister?

STEFAN Ja. ___**Meine**___ Schwestern heißen Anne, Antje und Annika, und ___**mein**___ Bruder heißt Adam. Ihre Namen fangen alle mit A an.

BASTI ___**Ihre**___ Namen klingen sehr musikalisch zusammen. Sind ___**deine**___ Eltern Musiker?

6 Fill in the blanks in the following description and then draw a picture of the unusual being **Purzelwanz** in the space provided. **Answers will vary.**

Mein Freund Purzelwanz sieht einfach _____ **aus! Er ist**

_____ **Jahre alt. Er ist** _____ **und ist**

ziemlich _____ **. Er hat** _____ **Augen**

und _____ **Haare. Er spielt gern** _____

und _____ **auch sehr gut. Purzelwanz ist ein sehr interes-**

santes Wesen.

7 Write a paragraph describing someone you know or someone famous. When you have finished, read your paragraph to your classmates and see if they can guess who the mystery person is.

Answers will vary.

_____

_____

_____

_____

_____

_____

_____

Name _____ Klasse _____ Datum _____

■ Zweite Stufe

1 Match each of the following situations with the appropriate response.

1. Ein Freund hat eine tolle neue Jeans-Jacke.
2. Deine Schwester färbt ihre Haare blau und trägt nur schwarzes Leder.
3. Dein Bruder trägt ganz alte Klamotten, die ihm überhaupt nicht passen.
4. Deine Mutter hat ein neues Kleid von Chanel.

a. Der Punk-Look ist aber überhaupt nicht mehr in!
b. Du siehst scheußlich aus!
c. Deine Jacke ist echt fesch.
d. Schick!

2 For each of the following outfits, write an exchange that includes a compliment you might make to a friend wearing the outfit and a response.

1.　　　　　　　　　　2.　　　　　　　　　　3.

Answers will vary. Possible answers:

— Dein Kleid gefällt mir

sehr.

— Wirklich?

— Mensch, deine Stiefel

sind ja toll!

— Meinst du?

— Du siehst heute so

fesch aus.

— Ehrlich?

_____

_____

_____

_____

_____

_____

Holt German 2 Komm mit!, Chapter 1　　　　　　　Übungsheft, Teacher's Edition　**5**

3 Bettina, Matja, and Hülya are in a secondhand store. Complete their conversation with the saleswoman by filling in the correct **möchte**-forms.

VERKÄUFERIN Haben Sie einen Wunsch?

BETTINA Ja, wir müssen auf eine Party gehen und _____ **möchten** _____ ein paar neue Sachen kaufen.

MATJA Wir suchen den Retro-Look aus den siebziger Jahren.

VERKÄUFERIN Dann sind Sie in genau den richtigen Laden gekommen. Wir haben alles, was Sie brauchen: Hosen, Blusen, Röcke, Schuhe. Auch Stirnbänder, Halsketten, Armbänder, Handtaschen aus Leder. Wir haben sogar Mützen. _____ **Möchten** _____ Sie etwas sehen?

BETTINA Ich _____ **möchte** _____ ein Paar Plattformschuhe anprobieren, und Matja _____ **möchte** _____ eine Halskette aussuchen.

MATJA Bettina, Hülya, schaut mal, die Halsketten sind super und auch sehr billig! _____ **Möchtet** _____ ihr nicht eine kaufen?

HÜLYA Ich nicht. Ich habe nur 5 Euro, und ich _____ **möchte** _____ unbedingt ein Stirnband kaufen.

BETTINA Das _____ **möchten** _____ wir beide. Ich kaufe aber auch so eine Halskette.

4 Put the elements below into logical sentences. Don't forget to use the appropriate forms of the verbs and articles.

1. ein / ich / brauchen / Schal / .
   Ich brauche einen Schal.

2. möchten / Paar / ich / ein / Ohrringe / .
   Ich möchte ein Paar Ohrringe.

3. Cowboyhut / suchen / einen / Sie / ?
   Suchen Sie einen Cowboyhut?

4. brauchen / Bleistifte / ich / .
   Ich brauche Bleistifte.

5. haben / ein / Taschenrechner / du / ?
   Hast du einen Taschenrechner?

5 You are the fashion critic for your local paper. Look at what the models are wearing and write a caption for each picture. Be as descriptive as possible.
Answers will vary. Possible answers:

1.	2.	3.	4.
BEISPIEL **Sie trägt einen Rock und eine Jacke. Der Rock ist lang und schön, und die Jacke ist ganz eng.**	**Er trägt eine Hose und eine Lederjacke in Schwarz. Die Hose und die Jacke sind sehr schick.**	**Sie tragen Kleider und ganz viel Schmuck. Die Kleider sind einfach. Der Schmuck ist toll.**	**Sie trägt eine Hose und ein Hemd. Die Hose ist sehr weit, und das Hemd ist sehr eng.**

6 Write a dialogue between yourself and the salesperson at a secondhand clothing store. Describe the look you would like and the specific articles of clothing or accessories you need.

VERKÄUFER   Haben Sie einen Wunsch? **Answers will vary. Possible answers:**

DU   Ich suche **eine Lederjacke.**

VERKÄUFER   **Und welche Größe brauchen Sie?**

DU   **Größe 40, bitte.**

VERKÄUFER   **Hier ist eine Jacke in Schwarz. Möchten Sie sie anprobieren?**

DU   **Ja, gern!**

VERKÄUFER   **Sie passt prima! Gefällt sie Ihnen?**

DU   **Ja, ich finde sie fesch. Wie viel kostet diese Jacke?**

VERKÄUFER   **Sie kostet €210.**

■ Zum Lesen

1 What are your plans for the future? What do you want to do after high school? Where do you want to live?

Answers will vary.

_____

_____

2 Several teenagers from Leipzig were asked about their plans for the future—where they will live and what they will do when they finish school. Read their responses.

> **Marit, 15 Jahre,** geht in die 9. Klasse der Karl-Marx-Oberschule in Leipzig. Was plant Marit nach dem Abitur? „Ich werde nach dem Abi wahrscheinlich erst mal etwas Praktisches machen. Irgendwo in einem Beruf arbeiten, dann noch irgend etwas studieren. Konkrete Vorstellungen habe ich noch keine. In Leipzig bleiben? Nee, bloß weg hier!"
>
> **Stephan, 16 Jahre** (10. Klasse, Oberschule, Leipzig), möchte in einer Bank arbeiten. Will Stephan in Leipzig bleiben? „Hier sind die Bedingungen sehr schlecht. Auch in der Umwelt und so. Am liebsten möchte ich in den Süden, in die Berge."
>
> **Ulrike, 15 Jahre** (9. Klasse, Karl-Marx-Oberschule, Leipzig), möchte nach der Schule erst mal Ferien machen, „... dann was studieren, mit Kunst oder mit Umwelt, also irgend etwas Nützliches. Wenn sich in Leipzig was anbietet, bleibe ich hier. Wenn nicht, dann nicht."

Text from "Marit, 15 Jahre," from "Stephan, 16 Jahre," and from "Ulrike, 15 Jahre" from "Rüber in den Westen..." from *JUMA: Das Jugendmagazin*. Reprinted by permission of **Tiefdruck Schwann-Bagel GmbH.**

3 Answer the following questions based on what you read.

1. Welche Schüler wollen unbedingt weg von Leipzig? ____**Marit und Stephan**____

2. Wer weiß genau, was er oder sie machen will? ____**Stephan**____

3. Wo will er oder sie arbeiten? ____**in einer Bank**____

4. When Stephan says "**Hier sind die Bedingungen sehr schlecht. Auch in der Umwelt und so,**" what do you think he means? Choose the paraphrase closest to his statement.
   a. Conditions are very bad here, especially in jobs dealing with the environment.
   b. Conditions are very bad here, including environmental conditions.
   c. Conditions are very bad here, so I like to go out into the environment to get away from everything.

4 What do you know about the conditions in the new **Bundesländer**? Why do you think these teenagers are anxious to leave their homes?

Answers will vary.

_____

_____

_____

_____

Holt German 2 Komm mit!, Chapter 1

Name _____ Klasse _____ Datum _____

■ Landeskunde

1 Would you say your tastes in books, music, clothes, etc. are typical for an American? Fill out the survey below.

Name _____ **A**lter _____

Mein Lieblingsfach ist _____

Meine Lieblingsmusik ist _____

Mein Lieblingsbuch ist _____

Mein Lieblingsessen ist _____

Meine Lieblingsklamotten sind _____

Mein(e) Lieblingsschauspieler(in) ist _____

Meine Lieblingsgruppe ist _____

Mein Lieblingsfernsehprogramm ist _____

---

2 If you had been born and raised in Germany, do you think your favorites would be the same or different? Pick two of your favorite things from the survey above that you think might be different if you were a German teenager, tell how you might have responded differently, and explain why.

Answers will vary. _____

_____

_____

_____

_____

_____

_____

_____

_____

_____

■ Dritte Stufe

1 Two friends are discussing their plans. Complete their conversation by filling in the correct forms of **wollen**.

MICHI   _____**Willst**_____ du mit mir morgen nach der Schule Tennis spielen?

STEFAN   Ich kann leider nicht. Ich gehe mit Martin ins Kino. Wir _____**wollen**_____ den neuen Robin Williams Film sehen.

MICHI   Robin Williams!? Ich finde seine Filme doof. Meine Eltern mögen sie aber sehr gern.

Sie _____**wollen**_____ sie immer sehen.

STEFAN   Vielleicht treffen Martin und ich deine Eltern morgen im Kino. Bist du sicher, du _____**willst**_____ nicht mitkommen?

MICHI   Nein, ich habe schon gesagt, ich mag Robin Williams nicht, und ich

_____**will**_____ Tennis spielen.

STEFAN   Weißt du, ob Johanna schon etwas vorhat? Vielleicht _____**will**_____ sie mit dir Tennis spielen.

MICHI   Ach, das geht nicht. Ich _____**will**_____ mit ihr spielen, aber ich bin zu schüchtern, um sie zu fragen!

STEFAN   Mensch, ruf sie einfach an und frag sie!

2 Johanna and Michi are discussing their plans for the following week. Complete their conversation by filling in the correct **möchte**-forms.

MICHI   Johanna, du spielst wirklich gut Tennis!

JOHANNA   Meinst du? Tennis ist mein Lieblingssport. Vielen Dank für die Einladung!

_____**Möchtest**_____ du auch nächsten Donnerstag spielen?

MICHI   Gern! Um drei Uhr. Sag mal, Johanna, _____**möchtest**_____ du mit ins Café gehen? Ich habe großen Hunger!

JOHANNA   Ja, gern.

Sie gehen ins Café.

STEFAN   Michi! Johanna! Setzt euch! Was _____**möchtet**_____ ihr essen? Ich lade euch ein!

MICHI   Wirklich?

STEFAN   Nein, war nur Spaß! So viel Geld habe ich leider nicht.

JOHANNA   Ich habe Geld dabei. Ich _____**möchte**_____ ein Käsebrot und eine Cola.

MICHI   Und ich _____**möchte**_____ auch eine Cola und eine Pizza dazu. Wo ist denn der Kellner?

STEFAN   Der Kellner kommt jetzt.

KELLNER   Was ___**möchten**___ Sie?

MICHI   Wir ___**möchten**___ beide eine Cola, und sie ___**möchte**___ ein Käsebrot.
Ich nehme die Pizza Nummer 4.

3 Prioritize! Rank the following activities in order of their relative importance to you.
Answers will vary.

_____	arbeiten	_____	kochen
_____	essen	_____	lesen
_____	Fernsehen schauen	_____	Musik hören
_____	Freunde treffen	_____	relaxen
_____	Hausaufgaben machen	_____	Sport machen
_____	Klamotten kaufen	_____	zu Hause helfen

4 How much time do you plan to spend next week doing the top five activities on
the list above, and when do you plan to do them?

Aktivität	Wie viele Stunden nächste Woche?	Wann?

5 Now that you have thought about what you will be doing next week, write a paragraph describing your plans for the weekend. **Answers will vary. Possible answers:**

Am Samstag spiele ich Tennis mit meinen Freundinnen. Später am Tag gehen wir

ins Kino und sehen den neuen Film von Neil Jordan. Dann gehen wir in die Disko.

Sonntagvormittag muss ich zu Hause helfen, Geschirr spülen, die Katze füttern,

Staub saugen und so. Danach mache ich Hausaufgaben und am Abend, wenn ich

genug Zeit habe, höre ich Musik.

_____

_____

_____

6 Pick four foods from the box and indicate whether you like or dislike them, and explain why.

Brezeln Gemüse Hamburger Currywurst Käsebrot
Nudelsuppe Pizza Eis Schokolade Leberkäs Obst

BEISPIEL **Ich mag Brezeln nicht, weil sie zu salzig sind.**

Answers will vary.
Possible answers:

1. **Eis esse ich gern, weil es süß ist.**

2. **Ich habe Obst gern, weil es gesund ist.**

3. **Pizza mag ich, denn sie schmeckt lecker.**

4. **Leberkäs mag ich nicht, denn ich esse kein Fleisch.**

7 Use the menu from **Café Freizeit** to write a conversation that you might have with a waiter there.

IMBISS-KARTE

Café Freizeit

Für den kleinen Hunger und Durst

KLEINE SPEISEN

NUDELSUPPE MIT BROT €	2,25
KÄSEBROT	2,60
WURSTBROT	2,55
WIENER MIT SENF — 2 PAAR	2,90
PIZZA (15 cm)	
Nr. 1 mit Tomaten und Käse	3,00
Nr. 2 mit Wurst und Käse	3,25
Nr. 3 mit Wurst, Käse und Pilzen	4,25

EIS

FRUCHTEIS KUGEL €	0,60
SAHNEEIS KUGEL	0,70
EISBECHER	3,40

GETRÄNKE

1 TASSE KAFFEE	€	2,15
1 KÄNNCHEN KAFFEE		3,80
1 TASSE CAPPUCCINO		2,60
1 GLAS TEE MIT ZITRONE		1,60

ALKOHOLFREIE GETRÄNKE

MINERALWASSER	0,5 l €		1,75
LIMONADE, FANTA	0,5 l		1,80
APFELSAFT	0,2 l		1,25
COLA	0,2 l		1,50

KUCHEN

APFELKUCHEN	STÜCK	€	1,40
KÄSEKUCHEN	STÜCK		1,50

Answers will vary.
Possible answers:

KELLNER Was bekommen Sie?

DU Ich möchte ein Stück Kuchen, bitte.

KELLNER Käsekuchen oder Apfelkuchen?

DU Käsekuchen. Und zum Trinken eine Tasse Kaffee, bitte.

(Später)

DU Hallo! Ich möchte zahlen.

KELLNER Also ... eine Tasse Kaffee, zwei Euro fünfzehn, und ein Stück Käsekuchen,

drei Euro. Das macht zusammen fünf Euro fünfzehn.

DU Sechs Euro. Stimmt schon.

KELLNER Vielen Dank. Auf Wiedersehen!

2 Bastis Plan

■ Los geht's!

1 **Beatrice muss die Fenster putzen, und Robert hat Küchendienst**. Complete their conversation by filling in the blanks with the words and phrases in the box below.

| tauschen | die Fenster putzen | für mich | nett von dir | für dich |

BEA   Was musst du heute machen, Robert?

ROBERT   Ich habe heute Küchendienst. Was musst du denn machen?

BEA   Ich muss _____**die Fenster putzen**_____. Das hasse ich, weil ich so klein bin.

ROBERT   Möchtest du mit mir _____**tauschen**_____? Ich kann

_____**für dich**_____ die Fenster putzen, und du kannst

_____**für mich**_____ Küchendienst machen.

BEA   Danke, das ist wirklich _____**nett von dir**_____, Robert!

■ Erste Stufe

1 Ina wants to trade jobs with her brother. Complete their conversation with the correct forms of the verbs **können** and **müssen**.

INA   Karl, _____**kannst**_____ du etwas für mich tun?

KARL   Wahrscheinlich nicht. Was denn?

INA   Ich möchte morgen mit Dorothea und ihrem Vater in die Stadt fahren, um eine

Ausstellung in der Neuen Pinakothek zu besuchen, aber ich _____**muss**_____

die Wäsche waschen und bügeln. Ich weiß, dass du am Sonntag die Garage aufräumen

und das Abendessen machen _____**musst**_____. _____**Können**_____ wir

nicht tauschen?

KARL   Aber du weißt doch, ich _____**kann**_____ nicht bügeln. Ich bin gegen Bügeln

allergisch!

INA   Bitte, Karl! Ich gebe dir drei Euro! Ich werde dir auch mit der Mathearbeit helfen!

KARL   Dir hilft kein Bitten. Ein Genie in Mathe bist du auch nicht! Warum

_____**könnt**_____ ihr nicht nächste Woche gehen?

INA   Dieses Wochenende ist das letzte Wochenende der Ausstellung.

KARL   Aber wir _____**müssen**_____ morgen um 2 Uhr Basketball spielen, und ohne mich

_____**können**_____ meine Freunde nicht spielen! Ich bin der Michael Jordan des

Teams. Ich _____**muss**_____ unbedingt da sein!

INA   Kein Problem! Du _____**kannst**_____ um 9 Uhr mit der Wäsche anfangen, und

dann bist du um 2 Uhr fertig.

KARL   Na, okay, aber es kostet dich fünf Euro, und du _____**musst**_____ zweimal den

Rasen mähen.

INA   Nein, so wichtig ist Andy Warhol nicht. Drei Euro und die Garage aufräumen.

KARL   Vier Euro?

INA   Drei Euro.

KARL   Na gut, für drei Euro _____**kann**_____ ich es tun. Viel Spaß im Museum!

INA   Viel Spaß beim Bügeln!

Holt German 2 Komm mit!, Chapter 2

2 Was gehört zusammen? Match each picture with the appropriate chore.

| polieren | wischen | waschen |
| wegtragen | | aufräumen |

1. __polieren__

2. __wegtragen__

3. __waschen__

4. __aufräumen__

5. __wischen__

3 Now pick three of the above jobs and write one sentence telling how often you do each.

BEISPIEL   __Ich räume einmal im Jahr die Garage auf.__   **Answers will vary.**
Possible answers:

1. __Ich wasche die Wäsche einmal in der Woche.__

2. __Einmal im Monat räume ich mein Zimmer auf.__

3. __Einmal im Jahr wische ich Staub.__

4 Karl and Otto are talking about their plans for the weekend. Complete their conversation by filling in the appropriate possessive adjectives and personal pronouns.

KARL   Also, Otto, spielen wir morgen Basketball?

OTTO   Nein, ich kann nicht, und Detlef kann auch nicht.

KARL   Warum nicht?

OTTO   Ich muss für ____ **meine** ____ Oma einkaufen gehen. Ich muss auch für

____ **sie** ____ den Rasen mähen.

KARL   Warum kann Detlef nicht spielen?

OTTO   Sein Vater hat gesagt, er muss morgen für ____ **ihn** ____ den Rasen mähen.

KARL   Und weißt du, Günter kann auch nicht spielen, er muss für ____ **seinen** ____ Vater das Auto

polieren. Und ich muss für ____ **meine** ____ Schwester die Wäsche waschen und bügeln.

OTTO   Warum musst du für ____ **sie** ____ arbeiten?

KARL   Sie will ins Museum gehen. Sag mal, kannst du am Sonntag spielen? Meine Schwester

räumt für ____ **mich** ____ die Garage auf, und ich habe nichts zu tun!

OTTO   Gute Idee, aber ich glaube, Günter muss für ____ **seine** ____ Mutter etwas tun. Aber

vielleicht kann er das für ____ **sie** ____ am Samstag tun. Ich rufe ihn an.

KARL   Ja. Okay, ich rufe Detlef an. Also, dann sehen wir uns am Sonntag. Sagen wir um 2 Uhr?

OTTO   Ja. Bis dann!

KARL   Wiederhören!

5 Four Austrian students are spending the summer with your family: Marga, age 12; Johannes, 14; Gerd, 16; and Melina, 18. They are supposed to be treated just like members of the family, so they'll have to do some chores around the house. Make a list of things that have to be done around the house, and assign each person one or more jobs. Don't forget to include yourself. **Answers will vary.**

Arbeit	Name

6 Jochen is being questioned by his mother, who wants to know why he can't do the things she asked him to. Use the cues provided to formulate Jochen's excuses.

BEISPIEL   Fenster putzen / Hausaufgaben machen
Ich kann die Fenster nicht putzen, weil ich Hausaufgaben machen muss.

1. Rasen mähen / zu heiß
Ich kann den Rasen nicht mähen, weil es zu heiß ist./denn es ist zu heiß.

2. Zimmer aufräumen / keine Zeit
Ich kann mein Zimmer nicht aufräumen, weil ich keine Zeit habe./denn ich habe keine Zeit.

3. Auto polieren / Andreas will
Ich kann das Auto nicht polieren, weil Andreas es machen will./denn Andreas will es machen.

4. Katze füttern / kein Katzenfutter
Ich kann die Katze nicht füttern, weil wir kein Katzenfutter haben./denn wir haben kein Katzenfutter.

5. Staub saugen / Staubsauger ist kaputt
Ich kann nicht Staub saugen, weil der Staubsauger kaputt ist./denn der Staubsauger ist kaputt.

7 You would like to go see one of the movies from the listing below but you don't want to go alone. Make up a conversation in which you invite a friend to come along. If your friend can go, make sure you set up a time and place to meet. If your friend can't go, he or she needs to tell you why.

Answers will vary. Possible answers:

DU   **Ich gehe heute Abend ins Kino. Ich möchte den Film „Michael Collins" sehen. Willst du mitkommen?**

FREUND(IN)   **Leider kann ich nicht. Ich muss meinem Vater in der Küche helfen.**

☎ **55 75 40**

16.00 **MICHAEL COLLINS**
mit Liam Neeson, Julia Roberts
12. Wo./ ab 16 J.

18.00 **DER GEIST UND DIE**
20.15 **DUNKELHEIT**
mit Michael Douglas, Val Kilmer
26. Wo./ ab 16 J.

22.30 **DIEBE DER NACHT**
mit Catherine Deneuve
10. Wo./ ab 12 J.

Zum Lesen

1 Read the title of the following selection. What kind of information do you expect to find in the reading?

Answers will vary. _____

Wie waren die Stars in der Schule?

Ulf Förster:
Ich war ein recht mittelmäßiger Schüler, nie das Gelbe vom Ei, aber es ging so. Mein Abitur hab ich aber doch mit einem Notendurchschnitt von 2,3 gemacht. Das hätte gereicht fürs Studium, aber ich wollte schon immer auf der Bühne stehen. In der Schule hat mich die Theatergruppe mehr interessiert als Mathe oder Chemie.

Bettina Hausner:
Ich denke eigentlich immer ganz gerne an meine Schulzeit. Das Lernen ist mir leicht gefallen, und die Prüfungen hab ich mit der linken Hand gemacht. Ich musste nie viel Zeit für Hausaufgaben investieren — die hab ich ganz nebenbei gemacht. Das war mein Glück, denn so hatte ich mehr Zeit, mich mit meiner geliebten Musik zu beschäftigen. Bei meinen Mitschülern war ich wohl nicht so beliebt, weil ich eher zurückgezogen und still war. Und weil ich auch eine gute Schülerin war, hielten mich viele für eine Streberin. Aber was kann ich machen, dass ich nie große Probleme in der Schule hatte?

Helga Dersch:
Ich bin in der Schule nicht aufgefallen, weder positiv noch negativ. Musik war immer mein Lieblingsfach. Mit meinen Mitschülern hab ich mich immer gut verstanden. Ich denke, ich war beliebt.

2 Which of the stars is most likely to have made the following statements?

Ulf	1. Ich war nicht der beste Schüler, aber auch nicht schlecht.
Bettina	2. Ich hatte viel Zeit für Musik.
Helga	3. Meine Mitschüler und Lehrer hatten mich gern.
Bettina	4. Prüfungen waren für mich immer sehr leicht.
Ulf	5. Ich wollte schon als Schüler im Theater arbeiten.
Helga	6. Ich liebte Musik mehr als alle anderen Fächern.

3 Have you ever heard of these stars? If so, then you know what kind of celebrities they are. If not, you can guess based on what their interests were in school. Write here what you think each of them does for a living.

Helga **musician; singer** _____

Bettina **musician; singer** _____

Ulf **actor** _____

■ Zweite Stufe

1 Herr Scholler's German class is planning a party. Fill in the missing forms of the verb **sollen** to complete their discussion.

H. SCHOLLER Was brauchen wir für unsere Fete? Machen wir eine Liste!

SCHÜLER Käse, Chips, Kekse, Mineralwasser, Würstchen, Gemüse, Obst, Cola, Brot,

Tomaten, Salat, Kartoffelsalat, einen Kuchen.

H. SCHOLLER Gut. Und wo _____**sollen**_____ wir die Fete halten? Wir können sie bei mir zu

Hause halten.

SCHÜLER Prima!

H. SCHOLLER Und was müssen wir alle tun? Machen wir noch eine Liste!

SCHÜLER Jemand _____**soll**_____ das Geld einsammeln. Wir _____**sollen**_____ auch

einkaufen gehen.

INGO _____**Soll**_____ ich den Kuchen backen?

H. SCHOLLER Ja, gern. Grete und Max, ihr könnt mir zu Hause helfen: den Garten aufräumen,

und so weiter, ja?

MAX Gern.

GRETE Ich kann auch helfen, aber wann?

H. SCHOLLER Ihr _____**sollt**_____ nicht zu früh kommen. So um 11 Uhr. Und wer will das

Geld einsammeln?

BÄRBEL Ich mache das. Wie viel _____**soll**_____ jeder geben?

H. SCHOLLER Ich glaube, drei Euro von jedem Schüler reichen bestimmt. Und wer möchte

einkaufen gehen?

UDO Ich kann das machen.

H. SCHOLLER Okay, dann ist für unsere Fete jetzt alles in Ordnung. Wir sehen uns dann

morgen und planen weiter. Tschüs!

2 You're working in a fresh produce store one afternoon when a forgetful customer wanders in. Help him with his purchases by filling in the blanks below with words and phrases from the box.

Spinat grüne Bohnen Zwetschgen Erbsen
Auf Wiedersehen Pfirsiche Bananen
Sonst noch etwas Haben Sie einen Wunsch

DU **Haben Sie einen Wunsch** ?
KUNDE Ja, ich kaufe Obst und Gemüse für meine Mutter. Zuerst brauche ich ...
DU Bitte schön?
KUNDE Ich weiß gerade den Namen nicht. Sie sind lang und grün, und schmecken mir nicht.
DU **Grüne Bohnen** ?
KUNDE Ja! Ich brauche ein Kilo.
DU Hier sind sie. **Sonst noch etwas** ?
KUNDE Ja. Gemüse, das auch grün, aber nicht lang ist. Es ist klein und rund.
DU Also, Sie wollen auch **Erbsen** kaufen.
KUNDE Genau. Ich möchte ein halbes Kilo.
DU Was bekommen Sie noch?
KUNDE Hmm. Blöd, dass ich meinen Einkaufszettel nicht bei mir habe. Ich brauche eine Art (a type of) Obst, das lang und gelb ist.
DU **Bananen** ?
KUNDE Ja! Ein Kilo, bitte. Danke, das ist alles.
DU Das macht € 6.00 zusammen.
KUNDE Vielen Dank für Ihre Hilfe!
DU **Auf Wiedersehen** !

3 You are making a fruit salad for your entire German class. Make a list of fruits to buy and how much of each you need.

Obst	Wie viel?

4 Everybody in Herr Scholler's class has forgotten what they said they would do to help prepare for the party. Refer back to the conversation in Activity 1 on page 18 to tell them what to do.

BEISPIEL Bärbel: **Sammle das Geld ein!**

Ingo: **Back den Kuchen!**

Grete: **Räum den Garten auf!**

Max: **Räum den Garten auf!**

Udo: **Geh einkaufen!**

KAPITEL 2 Zweite Stufe

5 Udo has run into a problem. Fill in the missing past tense forms of the verb **sein** to complete the conversation, and then answer the questions that follow.

UDO Herr Scholler! Ich _____war_____ im Supermarkt einkaufen, und ich habe das Geld verloren!

H. SCHOLLER Ach nein! Was machen wir jetzt?

HARTMUT Es tut mir Leid. Ich bin schuld daran. Wir _____waren_____ zusammen im Supermarkt.

H. SCHOLLER Wo _____wart_____ ihr? Vielleicht sollen wir beim Supermarkt anrufen.

HARTMUT Gute Idee, das mache ich.

Er wählt die Telefonnummer.

Mein Freund und ich, wir _____waren_____ in Ihrem Geschäft und haben da unser Geld verloren. Haben Sie einen Geldbeutel gefunden? ... Nein? Na ja. Danke. Wiederhören.

Er legt den Hörer auf.

Das Geld ist nicht da.

UDO Warte mal, Hartmut, hier ist das Geld! Es _____war_____ die ganze Zeit in meiner Jackentasche!

1. Was war das Problem? __Udo und Hartmut haben das Geld verloren.__

2. Wer sagt, er ist schuld daran? __Hartmut__

3. Wo war das Geld? __in Udos Jackentasche__

4. Wer war eigentlich schuld daran? __Udo__

6 Make a list in German of four things you have bought recently, and the places where you bought them. **Answers will vary. Possible answers:**

Was?	Wo?
Käse	im Supermarkt
Spinat	im Supermarkt
Gurken	im Obst- und Gemüseladen
Wurst	Metzgerei
grüne Bohnen	im Obst- und Gemüseladen

7 Use the list you made in Activity 6 to write 4 sentences telling what items you bought and where you bought them.

BEISPIEL __Ich war im Supermarkt und habe Käse gekauft.__ **Answers will vary. Possible answers:**

1. __Ich war im Supermarkt und habe Spinat gekauft.__

2. __Ich war im Obst- und Gemüseladen und habe Gurken gekauft.__

3. __Ich war in der Metzgerei und habe Wurst gekauft.__

4. __Ich war im Obst- und Gemüseladen und habe grüne Bohnen gekauft.__

KAPITEL 2 Zweite Stufe

■ Landeskunde

1 Imagine you are an exchange student in Germany. One of your teachers invites you for lunch at his or her house. Which of the following is most appropriate?

    a. Ask if you can bring something with you, for example bread or dessert.

    (b.) You bring flowers or chocolates.

    c. You don't bring anything.

2 When you are invited to someone's house in Germany, which of the following would be most appropriate?

    (a.) arrive at the appointed time

    b. arrive early to help out

    c. arrive "fashionably late" (10-15 minutes after the appointed time)

3 Write two sentences which argue in favor of keeping up such social traditions as bringing a gift for your host or hostess and strict adherence to promptness. Then write two sentences which argue in favor of relaxing these social traditions.

Answers will vary. _____

_____

_____

_____

_____

_____

_____

_____

_____

_____

_____

_____

_____

_____

_____

_____

KAPITEL 2 Landeskunde

■ Dritte Stufe

1 Arnold and Bruno are talking about gifts they are giving their family members for Christmas. Complete their conversation by filling in the appropriate possessive adjectives from the box. Remember to use the correct endings!

mein **ihr** **sein** **dein**

BRUNO Also, was hast du _____**deinem**_____ Vater zu Weihnachten gekauft?

ARNOLD Golfbälle. Die ganz teuren. Und was bekommt _____**dein**_____ Vater?

BRUNO _____**Mein**_____ Vater spielt gern mit Computern. Ich werde ihm ein neues Computerbuch kaufen.

ARNOLD _____**Sein**_____ Computer hat einen Farbmonitor, oder?

BRUNO Nein, er hat nur einen ganz alten Computer. Sag mal, was schenkst du _____**deiner**_____ Mutter?

ARNOLD Ich kaufe ihr eine Mozart CD für _____**ihre**_____ klassische Musiksammlung.

BRUNO Tolle Idee! _____**Meine**_____ Mutter mag auch klassische Musik. Ich glaube, Bach ist ihr Lieblingskomponist.

ARNOLD Dann kauf doch _____**deiner**_____ Mutter auch eine CD!

BRUNO Gut! Das mache ich! Heinz hat gestern eine CD bei Hartmann gekauft—im Sonderangebot. Gehen wir dahin?

ARNOLD Na klar!

2 Look at the pictures below and, based on Arnold and Bruno's conversation, fill in the name of the person receiving each gift.

3 Martian anthropologists are trying to understand holiday customs of humans from northern Europe. Their machines botched up the conversation they recorded, and some of the words got lost. You have determined for them that this is a Christmas dinner. Now complete the conversation by filling in the correct forms of the words **ein** and **kein**.

ARNOLD Und du, meine kleine Kusine, du kriegst auch _____**ein**_____ Geschenk von mir.

JUTTA Oooh, _____**eine**_____ Puppe! Toll! Ich nenne sie Mechthild!

VATI Mechthild war der Name meiner Großmutter! Mutter, möchtest du noch _____**eine**_____ Semmel?

MUTTI Nein, danke, ich möchte im Moment _____**keine**_____ Semmel mehr. Wer möchte noch _____**einen**_____ Apfel? Arnold? Bärbel?

Holt German 2 Komm mit!, Chapter 2

BÄRBEL   Ja, ich möchte noch _____**einen**_____ Apfel, bitte.

ARNOLD   Nein, danke, _____**kein**_____ Obst für mich.

MUTTI   Arnold, kannst du dem Bruno diesen Apfel reichen? Danke. Und wer möchte noch

_____**ein**_____ Stück Kuchen? Onkel Jörg? Tante Anne?

ANNE   Ja bitte, ich nehme noch _____**ein**_____ Stück.

JÖRG   Nein, danke, ich möchte _____**keinen**_____ Kuchen mehr.

VATI   Kuchen, Obst, Semmeln ... Also, sind alle zufrieden? Möchte jemand noch etwas?

JUTTA   Ja. Ich möchte noch _____**ein**_____ Geschenk, bitte!

4   Wer mag was? Write sentences or questions based on the cues.

BEISPIEL   Claudia und Tanja/schöne Klamotten
Claudia und Tanja mögen schöne Klamotten.

1. Hans / Krimis
   Hans mag Krimis.

2. Du / frische Pfirsiche?
   Magst du frische Pfirsiche?

3. Wir / interessante Bücher
   Wir mögen interessante Bücher.

4. Du und Tanja / tanzen?
   Mögt ihr tanzen?

5. Ich / ?
   Answers will vary.

5   Write a sentence telling to whom you would like to give each of the following gifts.

BEISPIEL   **Ich gebe meinem Bruder die CD.**

     1.   2.   3.   4.   5.

Answers will vary. Possible answers:

1. **Ich gebe meiner Schwester eine Armbanduhr.**

2. **Pralinen gebe ich meiner Oma.**

3. **Ich gebe meiner Tante einen Blumenstrauß.**

4. **Meiner Kusine gebe ich Parfüm.**

5. **Meinem Vater gebe ich ein Poster.**

6 What gifts have you given people in the last year or so? Think of five gifts and say to whom you gave them.

BEISPIEL   **Ich habe meiner Freundin einen Ring geschenkt.**

Answers will vary.

_____

_____

_____

_____

_____

_____

_____

_____

7 You have just received the following letter from your new pen pal, Annette. Write her back, telling a little about yourself. Be sure you answer all of Annette's questions.

Answers will vary.

_____

_____

_____

_____

_____

_____

_____

_____

_____

_____

_____

_____

_____

> *Hallo!*
> *Ich heiße Annette. Ich komme aus Düsseldorf und gehe aufs Nelly-Sachs-Gymnasium. Mein Lieblingsfach ist Biologie. Nachmittags, wenn ich mit meinen Hausaufgaben fertig bin, treffe ich mich mit meiner Clique, und wir gehen in den Park. Dort spielen wir meistens Volleyball oder sitzen einfach auf dem Rasen. Gehst du auch gern in den Park?*
> *Manchmal holen wir uns ein Video. Die Jungen wollen meistens Actionfilme gucken, aber meine Freundin Susanne und ich, wir sehen lieber Komödien. Was für Filme siehst du lieber, Actionfilme oder Komödien? Magst du Robin Williams? Ich sehe seine Filme am liebsten. Und du? Welchen Schauspieler magst du am liebsten?*
> *Schreib bald! Ich möchte dich gern kennen lernen!*
> *Viele Grüße*
> *Annette*

KAPITEL 2 Dritte Stufe

Name _____ Klasse _____ Datum _____

Wo warst du in den Ferien?

Los geht's!

1 The students in the film club are describing their photos. Match each description with the appropriate picture.

1. __b__

2. __c__

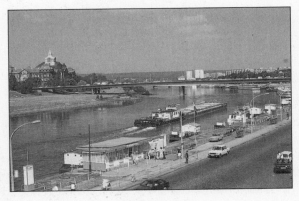

3. __a__

a. Dresden liegt an der Elbe. Von hier aus kann man mit der „Weißen Flotte" schöne Dampferfahrten machen.

b. Hier sind die Fachwerkhäuser auf dem Römerberg in Frankfurt. Ich habe den Dom besichtigt und bin auch in die Oper gegangen. Aber diese Fachwerkhäuser haben mir am besten gefallen.

c. Thomas und ich haben in dieser Pension in St. Ulrich gewohnt. Diese Pension ist nur für junge Leute. Wir haben viele nette Jungen und Mädchen kennen gelernt, und wir sind zusammen in den Bergen wandern gegangen.

■ Erste Stufe

1 Fill in the crossword puzzle with the past participles of the following verbs.

1. gehen →
   trinken ↓
2. essen
3. haben →
   hören ↓
4. besuchen
5. machen
6. sehen
7. spielen →
   geben ↓
8. fahren
9. lesen
10. schenken
11. bleiben
12. sein
13. kaufen

Crossword grid:

1. GEGANGEN / 3. GEHABT
5. GEMACHT
7. GESPIELT
10. GELESEN
11. GEBLIEBEN
12. GEWESEN
13. GEKAUFT

Down words: GETRUNKEN, GEGESSEN, GEHÖRT, BESUCHT, GESEHEN, GEGEBEN, GEFAHREN, GESCHENKT

2 Basti is on his way to a film club meeting, but his backpack is full of stuff he doesn't need to take along. Cross out all the things he should take out of his backpack before he goes. (By the way, Basti has a very large backpack.)

Bäckerei	Film	Krawatte	Nudelsuppe	Tomaten
Dias	Kamera	Mathe	Onkel	Videokamera
Farbbilder	Kette	Metzger	Tante	Wörterbuch

(Crossed out: Bäckerei, Krawatte, Nudelsuppe, Tomaten, Mathe, Onkel, Kette, Metzger, Tante, Wörterbuch)

3 Lothar was about to show his slides at the film club, but he dropped them while he was trying to set them up; now they're all out of order. Read his description of his vacation and number the slides accordingly.

Zuerst sind wir nach Berlin gefahren. Dort haben wir erst mal ein Hotel gesucht, dann sind wir in ein Restaurant gegangen, weil wir großen Hunger hatten. Dann sind wir ins Theater gegangen, wo wir „Cats" gesehen haben. Dann sind wir in ein Café gegangen und haben einen Cappuccino getrunken. Zuletzt sind wir zurück zum Hotel gegangen. Ich bin dann gleich ins Bett gegangen. Mensch, war ich müde! Am zweiten Tag haben wir zuerst die Reste der Berliner Mauer besichtigt, dann haben wir mit einem Bus eine Stadtrundfahrt gemacht. Dann haben wir zu Mittag gegessen. Wir sind dann in den Zoo gegangen. Ich habe dort viel fotografiert, aber ich weiß leider nicht mehr, was wir zuerst gesehen haben, und was zuletzt.

Holt German 2 Komm mit!, Chapter 3

KAPITEL 3 Erste Stufe

3 ___

7 ___

2 ___

5 ___

4 ___

6 ___

1 ___

4 Nina went on vacation to the United States with her friend Ilona. She's back in Germany and has just told her film club all about the United States. Now, after the meeting, Harald wants to know more about her trip.

Decide whether each participle goes with **haben** or **sein**, and then fill in the appropriate form of the correct helping verb.

HARALD _____**Seid**_____ ihr von den USA direkt nach Deutschland geflogen?

NINA Nein. Wir _____**sind**_____ zuerst nach Frankreich geflogen und _____**sind**_____ ein paar Tage in Paris geblieben.

HARALD Was _____**habt**_____ ihr dort gemacht?

NINA Am ersten Tag _____**habe**_____ ich nur geschlafen, weil ich so müde war, aber Ilona _____**ist**_____ im Jardin des Tuileries herumspaziert. Am Abend _____**haben**_____ wir in einem tunesischen Restaurant gegessen. Das Essen _____**hat**_____ uns beiden sehr gut geschmeckt.

HARALD _____**Habt**_____ ihr den Eifelturm besichtigt?

NINA Ja, am nächsten Tag. Wir _____**sind**_____ auch in den Louvre gegangen, in das große Museum, das einmal ein Schloss war. Das Museum ist riesig. Man kann an einem Tag gar nicht alles sehen. Wir _____**haben**_____ es aber in einem Tag geschafft!

HARALD Wie _____**habt**_____ ihr denn das gemacht?

NINA Ilona _____**hat**_____ die eine Hälfte besucht, und ich _____**habe**_____ mir die andere Hälfte angesehen. Danach _____**haben**_____ wir uns erzählt, was wir gesehen _____**haben**_____!

HARALD _____**Hast**_____ du denn die Mona Lisa gesehen?

NINA Nein, die Mona Lisa _____**ist**_____ in Ilonas Hälfte gewesen. Ich _____**habe**_____ aber viele andere schöne Gemälde gesehen.

HARALD Wie lange _____**seid**_____ ihr in Paris gewesen?

NINA Nur die zwei Tage. Am nächsten Tag _____**sind**_____ wir zurück nach Deutschland gefahren.

KAPITEL 3 Erste Stufe

5 Fill in the chart below based on Ilona's and Nina's experiences in Paris.

	Ilona	Nina	beide
geschlafen		✔	
in den Tuilerien herumspaziert	✔		
in einem tunesischen Restaurant gegessen			✔
den Eifelturm besichtigt			✔
die Mona Lisa gesehen	✔		
viele andere Gemälde gesehen		✔	

6 Where have you been on vacation? What did you do there? Name three places and three activities for each vacation spot. If you prefer, think of a really nice vacation you'd like to take, and pretend you've already taken it!

BEISPIEL **Wien**   **in die Oper gegangen**   **Answers will vary.**
                 einkaufen gegangen   **Possible answers:**
                 den Dom besichtigt

Wo?	Was gemacht?
Bayern	**Schloss Linderhof besichtigt**
	Leberkäs gegessen
	viel gewandert
Dresden	**das Albertinum besichtigt**
	den Zwinger besichtigt
	viel schwimmen gegangen

7 Now pick one of the vacation spots you named and write a paragraph telling what you did and how you liked it.

Answers will vary.

_____

_____

_____

_____

_____

_____

_____

Holt German 2 Komm mit!, Chapter 3

■ Zweite Stufe

1 Read the **Sprachtipp** on p. 74 of your textbook, and then decide whether the appropriate verb for the following places, people, and things in Frankfurt is **besichtigen**, **besuchen**, or **sehen**.

den Dom _____ **besichtigen** _____   die Oper _____ **besuchen** _____

die Fachwerkhäuser ___ **sehen** ___   den Römer _____ **besichtigen** _____

die Gedächtniskirche ___ **besichtigen** ___   die Stadt _____ **sehen** _____

das Goethehaus ____ **besuchen** ____   meine Tante _____ **besuchen** _____

den Main _____ **sehen** _____   das Theater _____ **besuchen** _____

Gemälde _____ **sehen** _____   die Zeil _____ **sehen** _____

das Museum _____ **besuchen** _____

2 Michael is conducting a survey for his sociology class about what people do on the weekend. Complete his conversation by filling in the correct prepositions.

MICHAEL   Entschuldigung, darf ich dir ein paar Fragen stellen? Ich arbeite an einem Forschungsprojekt für meinen Soziologiekurs.

PATRIZIA   Ja, kein Problem.

MICHAEL   Was hast du am Wochenende gemacht?

PATRIZIA   Also, wir haben, das heißt die ganze Familie, wir haben eine Art Mini-Ferien gemacht. Wir sind nach Hamburg und Wedel gefahren. Meine Tante wohnt

_____ **in** _____ Wedel, und sie hatte am Samstag Geburtstag.

MICHAEL   Hamburg ... Wedel ... gut. Okay. Wo habt ihr übernachtet? ___ **In** ___ Hamburg

oder _____ **in** _____ Wedel bei deiner Tante?

PATRIZIA   ___ **In** ___ Hamburg, _____ **im** _____ Hotel.

MICHAEL   Okay, wo wart ihr überall _____ **in** _____ Hamburg?

PATRIZIA   Wir waren _____ **im** _____ Museum und ___ **in der** ___ Oper.

MICHAEL   Und in Wedel? Wo liegt Wedel eigentlich?

PATRIZIA   Wedel liegt ___ **an der** ___ Elbe, nicht weit von Hamburg, fast ___ **an der** ___ Nordsee. Wedel hat ein phantastisches Freibad.

MICHAEL   Und was habt ihr _____ **in** _____ Wedel gemacht?

PATRIZIA   Wir haben den Geburtstag meiner Tante gefeiert, und wir sind _____ **im** _____ Freibad geschwommen. Und das war eigentlich alles.

MICHAEL   Okay, vielen Dank für die Auskunft!

PATRIZIA   Gern geschehen!

KAPITEL 3 Zweite Stufe

3 Annika has bumped into Jürgen during the **Pause** and is asking him what he did over the weekend. Put the correct forms of **sein** and **haben** in the crossword puzzle, based on the cues in their discussion.

ANNIKA   Jürgen, wo __1__ du am Samstag? Wir haben alle Basketball gespielt und sind dann ins Kino gegangen.

JÜRGEN   Ich __2__ mit meiner Mutter unterwegs. Sie __3__ in Frankfurt eine Sitzung und hat uns, das heißt meinen Bruder Otto und mich, eingeladen mitzukommen.

ANNIKA   Was habt ihr dort alles gemacht? Seid ihr in den Zoo gegangen?

JÜRGEN   Nein, wir __4__ keine Zeit.

ANNIKA   Nein? Wie viel Zeit __5__ ihr denn?

JÜRGEN   Am Freitagnachmittag hatten wir nur ein paar Stunden, weil wir erst um 3 Uhr in Frankfurt angekommen sind. Otto und ich sind ins Goethehaus gegangen.

ANNIKA   Wie lange __6__ ihr da im Museum?

JÜRGEN   Ein paar Stunden. Es __7__ sehr interessant. Goethe ist im Moment mein Lieblingsschriftsteller.

4 **Wo warst du schon?** Respond to the following questions, using the phrases **noch nie, schon oft,** and **auch schon.**

BEISPIEL   Ich bin in New York gewesen. Und du?
   Ich bin noch nie in New York gewesen. *or*
   Ich bin schon in New York gewesen.

Answers will vary. Possible answers:

1. Ich war letzte Woche in London. Bist du da schon gewesen?
   Ich bin schon oft in London gewesen.

2. Ich bin schon oft in San Francisco gewesen. Und du?
   Ich bin noch nie in San Francisco gewesen.

3. Ich war gestern in Dallas. Warst du schon mal in Dallas?
   In Dallas bin ich auch schon mal gewesen.

4. Ich fahre nächste Woche nach Chicago. Bist du schon mal nach Chicago gefahren?
   Ich bin noch nie nach Chicago gefahren.

5. Sag mal, wohin bist du schon oft gefahren?
   Ich bin schon oft nach Austin gefahren.

5 Answer the following questions based on the cues provided and your own personal preference.

BEISPIEL   Wo möchtest du lieber wohnen? Berge/Meer
   Ich möchte lieber in den Bergen wohnen. *or* **Ich möchte lieber am Meer wohnen.**

1. Wo möchtest du lieber essen? die Küche/der Garten
   Ich möchte lieber in der Küche essen./Ich möchte lieber im Garten essen.

KAPITEL 3 Zweite Stufe

2. Wo möchtest du lieber Ski laufen? die Vereinigten Staaten/die Schweiz

Ich möchte lieber in den Vereinigten Staaten Ski laufen./Ich möchte lieber in der Schweiz Ski laufen.

3. Wo möchtest du lieber einen Nachmittag verbringen? das Museum/die Oper

Ich möchte lieber einen Nachmittag im Museum verbringen./Ich möchte lieber einen Nachmittag in der Oper verbringen.

4. Wo möchtest du lieber deine Ferien verbringen? Berlin/die Nordsee

Ich möchte meine Ferien lieber in Berlin verbringen./Ich möchte meine Ferien lieber an der Nordsee verbringen.

6 Do you remember where you were and what you did at specific times this past week?

BEISPIEL   am Samstagnachmittag um 4 Uhr?
Ich war im Kino und habe *Casablanca* gesehen.

Wo warst du ...

1. am Dienstagabend um 7 Uhr?   **Answers will vary. Possible answers:**
Ich war zu Hause und habe Hausaufgaben gemacht.

2. am Montag früh um 11 Uhr?
Ich war in der Schule und habe eine Mathearbeit geschrieben.

3. am Donnerstagabend um 11 Uhr?
Ich war zu Hause und habe geschlafen.

4. am Freitagabend um 9 Uhr?
Ich war bei einem Freund und wir haben Musik gehört.

5. am Samstag früh um 11 Uhr?
Ich war bei meiner Oma und habe ihr geholfen.

7 Your friends missed you at several activities this past weekend. Tell them where you were and why you couldn't be with them.

BEISPIEL   Wo warst du am Samstag? Wir haben alle Basketball gespielt und sind dann ins Kino gegangen.   **Answers will vary.**
Ich war mit meiner Mutter in Frankfurt.   **Possible answers:**

1. Wo warst du am Dienstag? Wir sind nach der Schule ins Café gegangen.
Ich habe Volleyball gespielt.

2. Wo warst du am Freitagabend? Wir sind in die Disko gegangen.
Ich bin mit meiner Familie nach München gefahren.

3. Wo warst du am Sonntag? Wir sind im See geschwommen.
Ich bin zu Hause geblieben und habe gefaulenzt.

4. Wo warst du am Samstag? Wir haben gekegelt.
Ich war bei meiner Tante in Passau.

■ Landeskunde

Privathaus

Jugendherberge

Hotel

Pension

1 Which of these kinds of places to spend the night are common and which are not common in the United States? Why do you think that is?

Answers will vary.

_____

_____

_____

2 Would you feel comfortable staying in someone's private house in Germany for your vacation? Why or why not?

Answers will vary.

_____

_____

_____

3 Do you think if you had been raised in one of the German-speaking countries you would feel differently? Why or why not?

Answers will vary.

_____

_____

_____

_____

KAPITEL 3 Landeskunde

■ Dritte Stufe

1 **Wo hast du schon übernachtet? Wie hat es dir gefallen?** First, fill in the correct dative form of **ein** in the captions under the pictures. Then pick two of the kinds of places where you've spent the night, and say how you liked them.

in ___einem___ Privathaus

in ___einer___ Pension

in ___einer___ Jugendherberge

in ___einem___ Hotel

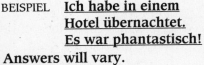

BEISPIEL   **Ich habe in einem Hotel übernachtet. Es war phantastisch!**

Answers will vary.
Possible answers:
Ich habe in einer Jugendherberge

übernachtet. Es war toll! _____

Ich habe in einem Privathaus

übernachtet. Es hat mir nicht

gefallen. _____

_____

_____

2 Frau Schmidt has just bumped into Herr Wenzel at the supermarket, and they are talking about his family's recent mini-vacation. Complete their conversation with the appropriate dative pronouns.

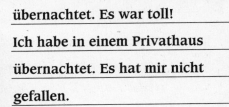

ihm   uns   ihr
Ihnen   ihnen   mir

F. SCHMIDT   Also, Herr Wenzel, Ihre Frau hat ___mir___ gesagt, dass Sie letztes Wochenende einen kleinen Urlaub gemacht haben. Wie war's?

H. WENZEL   Ja, es war schön. Wir waren in Hamburg und Wedel, weil meine Schwester, die in Wedel wohnt, am Samstag Geburtstag hatte.

F. SCHMIDT   Ich bin noch nie in Hamburg gewesen. Wie ist es dort so?

H. WENZEL   Hamburg gefällt ___mir___ sehr. Es ist meine Heimatstadt, wissen Sie. Es gibt dort viel zu tun. Wir waren, zum Beispiel, am Samstag in einem Museum. Das hat ___uns___ gut gefallen. Außer dem Erik. Er ist erst acht. ___Ihm___ hat das Museum überhaupt nicht gefallen. Am Sonntag sind die Kinder aber in Wedel ins Freibad gegangen, und das hat ___ihnen___ allen sehr gut gefallen.

F. SCHMIDT   Ihre Frau sagte, Sie sind ins Theater gegangen. Was haben Sie gesehen?

H. WENZEL   „Das Phantom der Oper". Wir sind zu fünft gegangen: meine Frau und ich, meine Schwester und ihr Mann, und Patrizia, unsere Älteste. Sie ist schon 17. Das Stück hat ___ihr___ echt gut gefallen. Meine Schwester und ich aber meinten, dass es besser im Original wäre, also, auf Englisch. Es hat ___uns___ also leider nicht wahnsinnig gut gefallen. Es war aber ziemlich interessant.

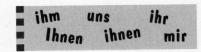

KAPITEL 3 Dritte Stufe

F. SCHMIDT   Was haben Sie Ihrer Schwester zum Geburtstag geschenkt?

H. WENZEL   Das waren die Karten fürs Theater.

F. SCHMIDT   Es freut mich, dass __Ihnen__ Ihr Urlaub gut gefallen hat. Ich muss jetzt meine Kinder von der Schule abholen. Auf Wiedersehen!

H. WENZEL   Auf Wiedersehen!

3 Erik wrote a paragraph for school: **"Was ich am Wochenende gemacht habe"**, but he made lots of mistakes. The teacher has marked all his mistakes for him to correct for homework. Rewrite Erik's paragraph with the necessary corrections.

Am Wochenende haben wir nach Hamburg gefahren, weil meiner Tante Geburtstag hatte. Wir waren im Museum, aber das hat mich nicht gefallen, weil es langweilig war. Am Abend haben meine Eltern und meinen Schwester in die Oper gegangen. Ich bin mit meinen Kusinen zu Hause in Wedel geblieben, Wedel liegt am Elbe. Wir sind am Sonntag im Freibad geschwommen. Das hat viel Spaß gemacht. Ich habe meinem Tanten ein Buch zum Geburtstag geschenkt. Es hat euch sehr gut gefallen.

Am Wochenende sind wir nach Hamburg gefahren, weil meine Tante Geburtstag hatte.

Wir waren im Museum, aber das hat mir nicht gefallen, weil es langweilig war. Am Abend

sind meine Eltern und meine Schwester in die Oper gegangen. Ich bin mit meinen Kusinen

zu Hause in Wedel geblieben. Wedel liegt an der Elbe. Wir sind am Sonntag im Freibad

geschwommen. Das hat viel Spaß gemacht. Ich habe meiner Tante ein Buch zum

Geburtstag geschenkt. Es hat ihr sehr gut gefallen.

_____

_____

4 Put the appropriate dative objects from the box into the blanks in the sentences below.

Kindern	Eltern	Großeltern
	Baumanns	Schülern

BEISPIEL   **Wir haben __den Großeltern__ zu Weihnachten einen neuen Fernseher geschenkt.**

1. Ich möchte _____den Eltern_____ zum Hochzeitstag eine Vase schenken.

2. Der Film hat _____den Baumanns_____ nicht gut gefallen, weil er für Kinder war.

3. Dieses Hotel hat _____den Kindern_____ gut gefallen, weil es einen Spielplatz hat.

4. Ich schenke _____den Schülern_____ immer Bücher zur Weihnachten.

5 Build dialogues in which you respond appropriately (with enthusiasm or with sympathy) to what your friend says.

BEISPIEL   FREUND   Ich habe in einem Lokal gegessen.
           DU   <u>Wie hat es dir gefallen?</u>
        FREUND Leider nicht gut.
           DU <u>Ach, schade!</u>   **Answers will vary. Possible answers:**

FREUND   Wir haben in einem Restaurant gegessen.

DU   **Wie war's?** _____

FREUND   Es war phantastisch!

DU   **Das freut mich! Habt ihr dort den Leberkäs probiert?** _____

FREUND   Wir haben den Leberkäs in einer Imbissstube probiert.

DU   **Wie hat er euch geschmeckt?** _____

FREUND   Er hat uns gar nicht geschmeckt!

DU   **Das tut mir Leid!** _____

6 Write down five places you've visited and say how you liked them.

| echt super | wahnsinnig gut | nicht besonders |
| phantastisch | furchtbar | soso |

        Wohin?   **Wie war es?**

Answers will vary. _____   _____

_____   _____

_____   _____

_____   _____

_____   _____

7 Imagine you are going to travel in Germany. Name four places you'd like to visit there and say where you would like to spend the night.

BEISPIEL   <u>Ich möchte nach Frankfurt fahren und in einer Jugendherberge übernachten.</u>

| München | aufs Land | Köln | Hamburg |
| Wedel | in die Berge | Bietigheim | ???? |

Answers will vary. _____

_____

_____

_____

KAPITEL 3 Dritte Stufe

■ Zum Lesen

1 Have you ever gone to a camp? What sort of camp was it? Did it have a special focus or theme? What activities did you do there? (If you haven't been to camp, think of activities you would like to do at a camp.) Make a list of camp activities in German.

Answers will vary. Possible answers:

zelten	schwimmen	Tennis spielen
reiten	bergsteigen	in der Natur forschen

2 Read the following selection and answer the questions that follow.

Multi-Sportcamp Piesendorf   14-20 Jahre

Ein Super-Sportcamp, bei dem bestimmt keine Langeweile aufkommt. Man kann alle Sportarten ausprobieren oder nur einzelne intensiv betreiben. Der Ablauf des Sportprogramms wird jeden Tag mit den Teilnehmern abgestimmt. Qualifizierte Betreuer sorgen für Action rund um die Uhr.

Snowboarden
Vormittags Training auf dem Kitzsteinhorn für Anfänger und Fortgeschrittene durch erfahrene Trainer.

Tennis
Unterricht für Anfänger und Fortgeschrittene auf 2 Freiplätzen und freies Spiel.

Mountainbike
Ein Guide unternimmt mit Euch schöne Touren in der Europa-Sport-Region Kaprun und zeigt Euch die richtige Technik und tolle Tricks.

Fitneß
Auf dem Programm stehen Jazz-Gymnastik, Stretching, Volleyball, Fußball, Tischtennis und Schwimmen.

Beste Rahmenbedingungen bietet das Jugendgästehaus Bründl in Piesendorf. Unterbringung in Mehrbettzimmern mit Vollpension. Großzügige Aufenthalts- und Spielräume, Tischtennisraum, 2 Tennisplätze, 1 Turnhalle, großer Sportplatz.

Preisbeispiel: 6 Tage inkl. Vollpension, Multisport, Skipaß, Leihmaterial und Betreuung pro Person, € 395,–

Adaptation from "Multi-Sportcamp Piesendorf, 14-20 Jahre," from *Sport-Scheck Reisen.* Reprinted by permission of *Sport-Scheck Reisen GmbH.*

3 Which is the closest equivalent to the following excerpts from the text?

1. **... bei dem bestimmt keine Langeweile aufkommt.**
   a. ...perfect for teenagers who find everything boring
   (b.) ...where nobody will be bored
   c. ...where you can come, in case you find your life boring

2. **Man kann alle Sportarten ausprobieren oder nur einzelne intensiv betreiben.**
   (a.) You can try out all the types of sports, or you can practice individual ones intensively.
   b. You will be intensively tested in all the different types of sports.
   c. You can try out all the different types of sports, or you can be left alone.

3. What is the cost for six days? _____ 395 euros _____

   Do you think this is reasonable? Why or why not? **Answers will vary.**
   _____

4 Imagine you are going to spend 6 days at the **Multi-Sportcamp Piesendorf**. Plan your program for the first three days. Write in the activities you would like to do each day.

	TAG 1	TAG 2	TAG 3
am Morgen			
am Nachmittag			
am Abend			

KAPITEL 4

Gesund leben

■ Los geht's!

1 Wer hält sich fit?

Ich esse alles gern. Fleisch, Fisch, Käse, Knödel, Spätzle. Ich möchte gern ein bisschen mehr Sport treiben, aber ich habe kaum Zeit, weil ich sehr gern lese, lerne und mit dem Computer arbeite. Weil ich so viel lese, gehe ich oft ziemlich spät ins Bett. Wenn ich morgens müde bin, ist es kein Problem—nach einem starken Kaffee und einem süßen Brötchen bin ich für den ganzen Tag fit.

a.

Weil ich jeden Tag vor der Schule fünfundvierzig Minuten jogge, gehe ich ziemlich früh ins Bett. Nach der Schule esse ich meistens Obst, oder ein Vollkornbrötchen oder so was. Ich spiele zweimal in der Woche Tennis mit meinem Freund Bernd. Bernd ist eigentlich Vegetarier, aber ich mag Fleisch und Hähnchen ziemlich gern. Ich esse die nur zwei- oder dreimal in der Woche und dann nur mageres Fleisch natürlich.

b.

■ Erste Stufe

1 Sort the words from the box into the following categories.

viel Obst essen   wenig Alkohol trinken   nicht rauchen   keine Cola trinken
wenig Kaffee trinken   Tennis spielen   die Sonne vermeiden   joggen
Rad fahren   schlafen   viel Gemüse essen
schwimmen   vernünftig essen   nur mageres Fleisch essen

sich ernähren	Gymnastik machen	gesund leben
keine Cola trinken	joggen	die Sonne vermeiden
nur mageres Fleisch essen	Rad fahren	genug schlafen
vernünftig essen	schwimmen	nicht rauchen
viel Gemüse essen	Tennis spielen	wenig Alkohol trinken
viel Obst essen		wenig Kaffee trinken

2 Max and Moritz are 5-year-old twins. It is time for them to go to bed. Fill in the crossword puzzle with the appropriate forms of the verb **schlafen**, based on the cues given in the dialogue. Note: In this puzzle, **ä**, **ö**, and **ü** are written **ae**, **oe**, and **ue**.

MAMA   Kinder, ihr müsst jetzt ins Bett!

MAX   Aber Mama, wir wollen nicht __1__ .

Wir sind gar nicht müde.

MAMA   Kinder, ihr wisst, dass ihr in diesem

Haus mindestens acht Stunden __2__ .

MORITZ   Aber Mama, wenn man so früh ins

Bett geht und so viel __3__ , dann ist

man am nächsten Tag müde!

MAMA   Kinder, keine Diskussion mehr

darüber! Geht jetzt ins Bett!

MAX   Okay, Mama, wir gehen ins Bett,

aber wir __4__ nicht. Morgen müssen

wir den ganzen Tag spielen, und wir

wollen nicht zu müde sein.

1. S C H L A F E N
2. (down) S C H L A F E N
3. S C H L A E F T
4. (down) S C H L A F T

3 Now Max and Moritz are discussing the finer points of good nutrition with their father. Fill in the missing accusative pronouns.

PAPA   Max, iss deine Karotten!

MAX   Aber Papa, ich mag kein Gemüse; ich esse es nicht.

PAPA   Kannst du nicht wenigsten für __**mich**__ ein paar Karotten essen?

MORITZ   Papa, du weißt, dass Max __**sich**__ nicht wohl fühlt, wenn er Karotten isst.

PAPA   Und ich sehe, dass du auch keine Karotten isst, Moritz. Kinder, ihr müsst __**euch**__

gesund ernähren. Ich halte __**mich**__ fit, indem ich Karotten esse. Seht ihr?

Mmmm. Lecker!

MAX   Papa, ich glaube, wir sind gegen Karotten allergisch! Aber wir fühlen __**uns**__

ganz wohl, wenn wir Schokolade essen! Und wenn wir viel Schokolade essen, dann

halten wir __**uns**__ sehr fit, weil uns Schokolade schmeckt!

PAPA   Aber Max, wenn dir etwas schmeckt, heißt es nicht, dass es für __**dich**__ gesund

ist! Los Max, iss deine Karotten!

MAX   Aber Papa, ich mag kein Gemüse!

4 The Martian anthropologists were listening in on parts of conversations in the German-speaking countries again, but the end of each sentence got scrambled. Unscramble the sentences for them.

BEISPIEL   Ich finde es toll, dass <u>viel so tust du die Gesundheit für</u>.
   Ich finde es toll, dass du so viel für die Gesundheit tust.

1. Ich freue mich, dass <u>du Noten gute hast bekommen</u>.
   Ich freue mich, dass du gute Noten bekommen hast. _____

2. Ich finde es nicht gut, dass <u>ernährst nicht gesund du so dich</u>.
   Ich finde es nicht gut, dass du dich nicht so gesund ernährst. _____

3. Es ist schade, dass <u>die Gesundheit für nichts so Leute viele tun</u>.
   Es ist schade, dass so viele Leute nichts für die Gesundheit tun. _____

4. Es ist prima, dass <u>hier dich du fühlst wohl so</u>.
   Es ist prima, dass du dich hier so wohl fühlst. _____

KAPITEL 4 Erste Stufe

5 Imagine family members or close friends of yours make the following statements. How do you react to them? **Answers will vary.**
Possible answers:

> Ich finde es toll, dass …
> Es ist prima, dass …
> Ich finde es nicht gut, dass …
> Ich freue mich, dass …
> Es ist schade, dass …
> Ich bin froh, dass …

1. Ich esse nur in Fastfood Restaurants.

   Es ist schade, dass du nicht

   vernünftig isst. .

2. Ich jogge jeden Morgen.

   Ich finde es toll, dass du jeden Morgen joggst. .

3. Ich esse viel Obst und Gemüse.

   Ich bin froh, dass du so gesund lebst. .

4. Ich rauche sehr viel.

   Ich finde es nicht gut, dass du sehr viel rauchst. .

5. Ich trinke viel Kaffee.

   Es ist schade, dass du so viel Kaffee trinkst. .

6 Say how you feel in the following places/situations.

> ganz wohl   supertoll   nicht wohl   großartig
> sehr wohl   nicht sehr wohl   überhaupt nicht wohl

BEISPIEL   in dieser Stadt: <u>Ich fühle mich in dieser Stadt nicht sehr wohl.</u>

1. an der Schule: **Answers will vary.** _____

2. in der Klasse: _____

3. in der Clique: _____

4. in dieser Stadt: _____

5. in der …mannschaft: _____

7 **Was tust du, um dich fit zu halten?** Write a paragraph telling what you do to stay fit.
Answers will vary. Possible answers:

Ich rauche nicht, und ich esse viel Obst und Gemüse. Ich vermeide die Sonne und

fahre ziemlich oft Rad.

_____

_____

_____

■ Landeskunde

1 Do you think it is important to eat organic produce? Where can you go to buy organic produce in your area? How health conscious do you think your community is as a whole?

Answers will vary.

_____

_____

_____

_____

2 Do you think that Germans are less, more, or equally as health conscious as people in your community? Where do Germans go to buy organic produce?

Answers will vary.

_____

_____

_____

_____

3 Do you think that if you had been raised in Germany your eating habits would be any different? What evidence do you have to support your hypothesis?

Answers will vary.

_____

_____

_____

_____

_____

_____

_____

_____

_____

_____

■ Zweite Stufe

1 It is Nutrition Consciousness Week in Bietigheim and schoolchildren are being interviewed for a newspaper feature on children and nutrition. Write the correct form of **jeder** in the spaces provided. (Hint: The plural of **jeder** is **alle**.)

JOHANNES: Ich bin 13 Jahre alt. Ich esse alles, was meine Eltern kochen. Das heißt, dass ich

_____jeden_____ Tag Salat esse, gedämpftes Gemüse, Tofu, und so weiter, weil meine

Eltern Vegetarier sind. Aber ich gehe _____jede_____ Woche einmal mit Freunden in ein

Fastfood Restaurant, wo ich normalerweise einen großen Hamburger esse, aber manchmal

esse ich nur ein Hähnchensandwich. Aber sag das meinen Eltern bitte nicht!

EVA: Ich bin 16 Jahre alt. Ich esse _____jeden_____ Tag viel Gemüse und Reis und Nudeln, weil

ich Vegetarierin bin. Ich mag es nicht, dienstags mit meinen Eltern zu essen, weil sie

_____jeden_____ Dienstag Steaks grillen. Ich weiß nicht, warum gerade nur dienstags,

aber es ist halt so.

STEFFEN: Ich bin sieben Jahre alt. Für _____jedes_____ Stück Obst, das ich esse, bekomme ich

drei Cent. Ich bekomme fünf Cent, wenn ich _____alle_____ Gemüsesorten esse, die

meine Mutter kocht. Sie geben mir Geld dafür, weil ich eigentlich alles hasse, was grün ist.

Letzte Woche habe ich genügend Geld verdient, dass ich Schokolade aus Belgien kaufen

konnte.

1. Which student has the healthiest nutrition habits? _____Eva_____

2. Do you think Steffen's parents' method of trying to get him to eat fruit and vegetables is working? Why or why not? _no, he buys unhealthy food with the money he earns._

2 Circle all of the following activities that would make good New Year's resolutions. Then put an X next to the ones you personally think you should make next January 1.

mehr Sport treiben   mehr Gemüse essen   mehr Eis essen

weniger Fastfood essen   mehr Obst essen   mehr Salat essen

mehr schlafen   mehr Süßigkeiten essen   mehr Fleisch essen

weniger Fett essen   weniger schlafen   mehr Fernsehen schauen

3 Write the name of each activity under the picture, and then write how often you do each activity.

jeden Tag	jeden Monat
selten	jedes Jahr
jede Woche	nie

Joggen   Aerobic   Obst essen   Gemüse essen   Bodybuilding

_____ _____ _____ _____ _____

4 Read the **Sprachtipp** on p. 106 of your text, and then respond to the following statements truthfully, according to your lifestyle.

BEISPIEL   Du isst kein Gemüse!
Doch, ich esse jeden Tag Gemüse! *or* **Stimmt, ich esse kein Gemüse.**

1. Du machst fast nie Gymnastik!   **Answers will vary. Possible answers:**

Stimmt, ich mache nur selten Gymnastik. _____

2. Du isst kein Fett, nicht wahr?

Doch, ich esse schon Fett, aber nur sehr wenig. _____

3. Du gehst nie in Fastfood Restaurants, oder?

Stimmt, ich gehe nie in Fastfood Restaurants. _____

4. Du trinkst keine Cola, oder?

Doch, ich trinke jeden Tag eine Cola. _____

5 Pretending that they are accurate, respond to the following allegations by justifying your behavior. If you don't really have a way to justify yourself, make one up!

| **Das kann sein, aber ...** |
| **Eigentlich schon, aber ...** |
| **Das stimmt, aber ...** |

BEISPIEL   Du joggst fast nie!
Das stimmt, aber ich mache jeden Tag Yoga! Answers will vary. Possible answers:
Du isst nur selten Salat!
Eigentlich schon, aber ich esse sehr oft andere Gemüsesorten!

1. Du trinkst zu viele Getränke mit Koffein! **Das stimmt, aber ich trinke auch viel Saft.**

2. Du isst zu oft Eis! **Eigentlich schon, aber ich esse keine Schokolade.**

3. Du isst ziemlich viel Fleisch! **Das kann sein, aber ich esse auch viel Obst.**

4. Du machst kein Aerobic. **Das stimmt, aber ich schwimme jeden Tag.**

5. Du lebst ungesund! **Das kann sein, aber ich bin noch jung.**

6 Look at the list of possible New Year's resolutions in Activity 2 on page 42 and think about your lifestyle. Which of these should be your New Year's resolutions? List your resolutions and say how often you will do them.

BEISPIELE **Ich werde nur selten Fernsehen schauen.**
Ich werde jeden Tag Gemüse essen.

Answers will vary.

_____

_____

_____

_____

_____

_____

_____

7 The Martian anthropologists have another job for you. This time their equipment picked up only the answers. They would like you to reconstruct possible questions which would have elicited these responses. To make the job easier for yourself, you have already compiled a list of possibilities, but they may have to be adapted for each response.

Ich habe eine Frage: ...   Wie steht's mit ...?

Sag mal, ... Sie eigentlich ...?   Darf ich etwas fragen?

Answers will vary. Possible answers:

1. **Wie steht's mit Fleisch? Bist du Vegetarier?**

   Nein, ich esse viel Fleisch, bin kein Vegetarier.

2. **Ich habe eine Frage: Sie machen oft Sport, nicht?**

   Stimmt, ich mache jeden Tag Sport.

3. **Darf ich etwas fragen?**

   Na, klar! Du kannst mich etwas fragen!

4. **Rauchen Sie eigentlich?**

   Nein, ich rauche natürlich nicht!

5. **Sag mal, was machst du nach der Schule?**

   Ich gehe normalerweise nach der Schule schwimmen.

■ Dritte Stufe

1 a. There are 12 words for food items hidden in the puzzle. Can you find them all? Note: In this puzzle **ä**, **ö**, and **ü** are written **ae**, **oe**, and **ue**.

```
Y K M G O L H I A J X Q P A D B W D V N
B H U H N X Y T D Q C B E O R E I S U B
U W V Y I E R P F G D S L N A M Z C P T
F K L R R B O E S M O S W E K C K A Y M
P I L Z A Y R U P K E R A C B D M W Q J
O Q L O V H A A I O Y L X O R A N R E U
U C R X E E G R F A G M T H O L K E B M
B O V W O M K P E O F D D O K A E S U A
F A T I Y K Y H L A R H V L I K U O T N
F O R E L L E A U E O I E A L Y O R P I
S S K V L E E L E K A Y E A I F A X L Q
A N B L C H J I N A J T E R X E X A Z C
E B M R C K I E O E M E G D I F F J U A
P E M S E I M E X J U G B C F O W I E Z
W S R M B U G Y A W E O E R O K L B O R
O I L E L O F S N J G L A N K L B E O Y
K E X B L A B R U R J A G U Q R O H W A
U U P I Q O Y G L E A B E M O I K O T I
E B L A U B E E R E B K E F G C S H K I
```

b. Arrange the words you found according to their grammatical gender (whether they are **der**, **die**, or **das**-words). Include the plural, using the kind of notation you find in the dictionary.

DER	DIE	DAS
Blumenkohl	Möhre, -n	Rindfleisch
Brokkoli	Kirsche, -n	Huhn, ¨-er
Pilz, -e	Aprikose, -n	
Reis	Erdbeere, -n	
	Blaubeere, -n	
	Forelle, -n	

c. Which four words do not have plural forms?

Blumenkohl, Brokkoli, Reis, Rindfleisch

2 Was ist logisch? Complete the statements by matching each beginning with the most logical ending.

_____d_____ 1. Ich esse keinen Blumenkohl,

_____e_____ 2. Ich esse gern Erdbeeren,

_____a_____ 3. Ich esse keine Forelle,

_____c_____ 4. Ich esse gern Pudding,

_____b_____ 5. Ich esse nicht viel Rindfleisch,

a. weil ich nichts esse, was aus dem Wasser kommt.

b. weil es ungesund ist.

c. obwohl er oft viel Milchfett enthält.

d. weil er mir nicht schmeckt.

e. weil sie süß und saftig sind.

3 Steffi, Hannes, and Daniel are discussing their eating habits at a birthday party. Complete their conversation by filling in the missing forms of the verb **dürfen**.

STEFFI Möchtest du ein Stück Torte? Sie ist sehr lecker, eine Schwarzwälder Kirschtorte.

HANNES Wohl mit Schokolade, oder? Nein, ich möchte gern ein Stück, aber ich _____darf_____ nicht.

DANIEL Zu viele Kalorien?

HANNES Nein, es hat nichts mit Kalorien zu tun. Ich bin allergisch gegen Schokolade.

STEFFI Schade! Hast du andere Allergien? Oder _____darfst_____ du alles essen außer Schokolade?

HANNES Nein, ich habe keine anderen Allergien. Meine Schwester aber _____darf_____ keine Erdnüsse essen. Sie ist dagegen sehr allergisch. Wenn sie auch nur eine einzige Erdnuss isst, könnte sie sterben!

DANIEL Das kann nicht sein!

HANNES Doch, es stimmt. Wir _____dürfen_____ zu Hause keine Erdnussbutter, kein Erdnussöl, überhaupt keine Erdnüsse haben! Sagt mal, Steffi und Daniel, habt ihr Allergien? Oder _____dürft_____ ihr alles essen?

STEFFI Nur gegen Haustiere bin ich allergisch. Ich darf keine Katze oder keinen Hund haben, aber ich _____darf_____ alles essen.

DANIEL Ich _____darf_____ nicht zu viel Salz essen, weil es ungesund ist und zu hohem Blutdruck führt, aber ich habe keine Allergien; ich _____darf_____ auch alles essen.

HANNES Ihr habt ja Glück! Ich liebe Schokolade, _____darf_____ sie aber nicht essen.

4 Name four things you seldom or never eat and give a reason why you don't eat each one.

BEISPIEL   <u>Ich esse nur selten Schokolade, weil sie zu viel Zucker hat.</u>   **Answers will vary.**
Possible answers:

<u>Ich esse kein Rindfleisch, denn es hat zu viel Fett.</u>

<u>Ich esse keine Blaubeeren, weil sie mir nicht schmecken.</u>

<u>Ich esse nur selten Sahne, weil sie zu viele Kalorien hat.</u>

<u>Eier esse ich nicht, denn sie sind nicht gut für die Gesundheit.</u>

5 You've noticed that certain people aren't eating certain things. Ask if they are not allowed to eat them, using **dürfen** and **kein**.

1. du / Kaffee: <u>Darfst du keinen Kaffee trinken?</u>

2. ihr / Kuchen: <u>Dürft ihr keinen Kuchen essen?</u>

3. Herr Schmidt / Schokolade: <u>Darf Herr Schmidt/Dürfen Sie keine Schokolade essen?</u>

4. wir / Sahnetorte: <u>Dürfen wir keine Sahnetorte essen?</u>

5. die Annika / Butter: <u>Darf die Annika keine Butter essen?</u>

6 For each of the people in Activity 5, make up a response to the question **"Warum nicht?"** which explains why they can't consume the food or drink mentioned.

BEISPIEL   <u>Ich darf keinen Kaffee trinken, weil Kaffee nicht gesund ist.</u>   **Answers will vary.**
Possible answers:

<u>Wir dürfen keinen Kuchen essen, denn er macht dick.</u>

<u>Er / Ich darf keine Schokolade essen, weil sie ungesund ist.</u>

<u>Wir dürfen keine Sahnetorte essen, weil sie zu viel Zucker hat.</u>

<u>Sie darf keine Butter essen, denn Butter hat zu viel Fett.</u>

7 Formulate accusations based on the following responses.

BEISPIEL   <u>Du isst nicht genug Gemüse!</u>
Doch, ich esse jeden Tag Gemüse!

1. **Du trinkst zu viel Cola!**
Stimmt, aber ohne Cola kann ich mich nicht konzentrieren!

2. **Du gehst nicht oft joggen.**
Doch, ich jogge dreimal pro Woche!

3. **Du liebst mich nicht!**
Stimmt, ich liebe dich nicht.

4. **Du isst zu viel Pizza!**
Stimmt, aber ich mache meine Pizza mit Magermilchkäse.

■ Zum Lesen

1 Do you fall asleep easily at night or do you end up tossing and turning? What suggestions can you give a person who has trouble falling asleep?

Answers will vary. _____

_____

_____

2 Read the text and answer the questions that follow.

Wie man gut schläft — einige Tipps

- **Wer nicht sofort einschlafen kann:**
  Lesen Sie etwas, was beruhigend ist
  — ein Gedicht vielleicht — oder
  trödeln Sie nur eine halbe Stunde,
  bevor Sie zu Bett gehen!
- **Wer die Probleme des Tages nicht**
  vergessen kann: Lernen Sie
  Entspannungstechniken oder
  Atemtechniken (autogenes Training,
  Yoga), und wenden Sie diese
  regelmäßig an!
- **Wer sich zu sehr auf das Einschlafen**
  konzentriert, verscheucht den
  Schlaf! Nehmen Sie sich vor, wach
  zu bleiben! Das hilft manchmal.

Achten Sie darauf, dass ...

- **die Schlafzimmertemperatur nicht**
  zu niedrig ist — 19 Grad ist ideal!
- **das Bett 20 Zentimeter länger ist als**
  Sie selbst!
- **die Matratze flach und ziemlich hart**
  ist!
- **der Kopf richtig gelagert ist! Das**
  Kopfkissen muss weich genug sein,
  um den Kopf zu stützen!
- **die Bettwäsche aus**
  Naturmaterialien hergestellt ist!
  Diese sind hautfreundlich, weil sie
  die Flüssigkeit aufnehmen, die der
  Mensch jede Nacht abgibt.

---

3 Look carefully at the context of the following words in the text above and then circle the most likely English equivalents.

Trödeln: (dawdling) / exercising

Entspannungstechniken: self-analysis techniques / (relaxation techniques)

verscheuchen: (to chase away) / to encourage

gelagert sein: be relaxed / (be positioned)

aufnehmen: (absorb) / be ruined by

4 Number the tips above according to how helpful or important each one is, where #1 would be the first thing you would advise a person who's having trouble sleeping, and #8 is the last one you would advise.

Gesund essen

■ Los geht's!

1 What do you think these people are saying?

	Answers will vary. Possible answers:
SCHÜLER	Ich möchte bitte eine Banane.
VERKÄUFERIN	Es tut mir Leid, die Bananen sind alle.
SCHÜLER	Das macht nichts! Gibt es noch einen Apfel?
VERKÄUFERIN	Ja. Er kostet € 0,20.

■ Landeskunde

1 On a separate piece of paper write a 1 to 2 page essay comparing and contrasting German and American mealtime customs—for example, the fact that Germans usually eat their main hot meal in the middle of the day, and that they eat a cold breakfast and a cold dinner. For extra credit, try to explain the differences in these customs by pointing out social, historical, cultural, and economic reasons for these customs.

Think of the points you would like to make in your essay and the order in which you would like to make them. Use this space to write an outline to help you organize your thoughts.

Answers will vary.

KAPITEL 5 Landeskunde

■ Erste Stufe

1 **Was gehört zusammen?**   **Answers may vary slightly.**

____c____ 1. Was für ein Pech!

____e____ 2. Ich bedaure,

____b____ 3. Es tut mir Leid,

____a____ 4. Das macht nichts!

____f____ 5. Nicht so schlimm!

____d____ 6. Schon gut!

a. Ich nehme halt eine Banane.

b. die Milch ist alle.

c. Keine Eibrötchen mehr!

d. Ich trinke halt einen Apfelsaft.

e. wir haben heute keinen Orangensaft.

f. Ich nehme das Quarkbrötchen.

2 Complete the following conversation with the correct forms of the word **dieser**.

PETER   Mehmet, was soll das auf _____diesem_____ Brötchen sein?

MEHMET   Das ist Tofu, und den kaufe ich. Ich esse _____diese_____ Woche jeden Tag Tofu,

weil er so gesund ist. Das habe ich in _____diesem_____ Buch über Ernährung

gelesen.

Er zeigt Peter das Buch.

PETER   Hmm, sieht interessant aus. Sag, hast du _____dieses_____ Buch auch schon

gelesen?

Er zeigt Mehmet ein anderes Buch.

Es ist über Sport und Gesundheit. Es ist auch sehr interessant.

MEHMET   Das würde ich mal gern lesen. Sag mal, Peter, sollen wir die Bücher tauschen?

Dann können wir beide Bücher lesen.

PETER   Gute Idee!

Sie tauschen die Bücher.

3 Circle all of the following sentences which express skepticism.

Du isst wohl kein Fleisch, oder?

(Was soll das heißen?)

Isst deine Mutter nicht vegetarisch?

(Was soll das auf deinem Brötchen sein?)

(Was für ein Pausenbrot soll das sein?)

Die Bananen kosten nur 20 Cent, nicht wahr?

Du kaufst jeden Tag das Gleiche, was?

4 Respond to each request, apologizing and saying that there is no more of the requested item.

1. Ein Eibrötchen, bitte!   **Answers will vary. Possible answers:**
   Ich habe leider nur Käsebrötchen.

2. Ich möchte einen Apfel, bitte!
   Ich bedauere, die Äpfel sind alle.

3. Eine Vanillemilch, bitte!
   Ich habe keine Vanillemilch mehr. Tut mir Leid.

4. Haben Sie noch Quarkbrötchen?
   Es tut mir Leid, die Quarkbrötchen sind alle.

5 You've asked for various foods, but have been informed that each item is sold out. Respond to the news by downplaying your disappointment and asking for the items pictured.

1. **Answers will vary. Possible answers:**
   Das macht nichts! Dann trink ich halt Milch.

2. **Nicht so schlimm. Dann trink ich eben Kakao.**

3. **Schon gut! Dann nehm ich eben Kirschjoghurt.**

4. **Nicht so schlimm. Dann nehm ich halt Vanillemilch.**

KAPITEL 5 Erste Stufe

6 Unscramble the words to make two sentences, a question and a reply. Use clues like the endings of verbs and demonstratives to figure out which words belong together in the sentences.

1. auf / Brot / das / das / diesem / ist / ist / mit / Sojasprossen / Tofu / was /

   Was ist das auf diesem Brot? Das ist Tofu mit Sojasprossen.

   _____

2. 40 / dieses / es / kostet / kostet / Cent / nur / Quarkbrötchen / was /

   Was kostet dieses Quarkbrötchen? Es kostet nur 40 Cent.

   _____

3. diese / Eibrötchen / frisch / gemacht / habe / heute / ich / ja / sie / sind /

   Sind diese Eibrötchen frisch? Ja, ich habe sie heute gemacht.

   _____

4. auf / aus / Brötchen / aber /die / diesen / Eier / Eier / ich / keine / lecker / mag / ja /

   nicht / sehen / sehr /

   Sehen die Eier auf diesen Brötchen nicht lecker aus? Ja sehr, aber ich mag keine

   Eier.

7 Formulate questions based on the following answers.

BEISPIEL **Du isst sehr oft Wurst, oder?**
          Nein, ich esse Wurst nur einmal im Monat. **Answers may vary. Possible answers:**

1. **Du isst vegetarisch, nicht wahr?**
   Nein, aber meine Eltern essen vegetarisch.

2. **Die Bananen kosten nur 10 Cent, was?**
   Nein, die Bananen kosten ab heute 15 Cent.

3. **Du isst gern Tofu, nicht wahr?**
   Nein, Tofu esse ich überhaupt nicht gern.

4. **Das ist kein Eibrötchen, oder?**
   Doch! Siehst du nicht das Ei auf dem Brötchen?

KAPITEL 5 Erste Stufe

■ Zum Lesen

1 What do you think are the three most important ways to keep your diet healthy?

Answers will vary. _____

_____

2 Read the title, first paragraph, and the headings to each of the numbered paragraphs below. What do you think this article is about?

Answers will vary. _____

_____

3 Read the text below.

So verlängern Sie Ihr Leben.

Ernährungswissenschaftler sprechen sogar von zehn Jahren, die Sie sich zusätzlich schenken können. Nur durch richtige Ernährung. In der folgenden Auflistung finden Sie, was Sie ganz viel essen sollten und was ganz wenig (1 = ganz viel, 7 = möglichst gar nicht).

1 Vollkorn kriegen Sie nie genug
Außerdem Knäckebrot, Cornflakes, gern auch Nudeln, Kartoffeln, Kiwis satt, Multivitamindrinks.

2 Eisbergsalat macht Sie absolut fit
Dann Wurzeln, Äpfel, Bananen, viel Kohlrabi, Pampelmusen, Gurken, Mango und Papaya.

3 Milch macht müde Mädchen munter
Aber möglichst fettarm. Joghurts zwischendurch. Buttermilch, Quark, Magerkäse immer mal wieder.

4 Weißes Fleisch - mindestens 1 x täglich
Geflügel natürlich zuallererst. Fisch aus tiefen Gewässern. Walnüsse senken den Cholesterinspiegel.

5 Alkohol schränken Sie ab sofort ein
Natürlich dürfen Sie 1-2 Glas Wein trinken. Aber legen Sie immer wieder mal eine Woche Pause ein.

6 Kuchen lassen Sie besser weg
Verkneifen Sie sich das Stück Sahnetorte zwischendurch. Das ist Gift für Ihre Figur.

7 Fette und Öle sowenig wie möglich
Darum auch möglichst auf Kantinenkost verzichten, und wenn, dann das Rohkost-Angebot nutzen.

"21. So verlängern Sie Ihr Leben." from *Für Sie.* Reprinted by permission of *Jahreszeiten Verlag.*

4 Analyze your own diet! On another piece of paper, write down the seven categories from the article above, and then write down everything you've eaten in the past two days, sorting it into each category. Compare your diet to the proposed diet in the article. Rank your diet according to how you **do** eat (as opposed to how you **should** eat), assigning each category a number, where 1 is the category from which you eat the most and 7 is the category from which you eat the least. Next to each of the 7 categories above, write the rank you gave it in your list. Do you need to make some changes in your diet?

■ Zweite Stufe

1 You are at a New York City-style deli in Frankfurt and would like to order a sandwich. Below is the order form. Circle the items you would like on your sandwich.

> **Brot:** Sauerteig, Weißbrot, Vollkorn, Roggen
>
> **Käse:** Camembert, Schweizer Käse, Quark
>
> **Aufschnitt:** Salami, Mortadella, Pastrami, Schinken
>
> **Sonstiges:** Tofu, Salat, Tomaten, Alfalfasprossen, Zwiebeln, Gurken, Erdnussbutter, Senf, Mayonnaise, Ketchup, Butter, Margarine, Marmelade

2 Reconstruct the following conversation by arranging the sentences in a logical order.

___3___ Tofu? Ahh! Ich bin allergisch gegen Tofu. Magst du Margarine und Wurst?

___5___ Quark ist zwar nicht mein Lieblingsessen, aber er schmeckt mir.

___6___ Gut. Essen wir halt dann Quarkbrötchen.

___2___ Ich mag Marmelade nicht. Ich habe Brot mit Käse oder Tofu lieber.

___1___ Was für Marmelade isst du auf deinem Brot? Erdbeermarmelade oder Himbeermarmelade?

___4___ Wurst schmeckt mir nicht, und Margarine ist nicht gut für die Gesundheit. Wie findest du Quark mit Schnittlauch?

3 Benjamin and his mother are talking about Ben's **Pausenbrot**. Complete their conversation by filling in the correct prepositions from the box.

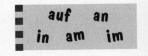

BEN Mama, wenn du mir ein Pausenbrot machst, dann leg bitte keinen Tofu __auf__ das Brot. Tofu schmeckt mir nicht, und ich will ihn nicht essen.

MAMA Aber Ben, du weißt doch, dass Tofu sehr gesund ist. Die Kinder __in__ Kalifornien essen alle sehr gern Tofu.

BEN Aber Mama, wir sind doch nicht in Kalifornien. Wir sind in Schleswig-Holstein, einem Bundesland, das __an__ der Nordsee liegt. Hier hat man Wurst und Aufschnitt __auf__ dem Brot.

MAMA Ben, wenn du nur Wurst und Aufschnitt isst, dann kriegst du zu viel Cholesterin __in__ deine Arterien, und dann kriegst du einen Herzinfarkt!

BEN Mama, ich bin erst 13 Jahre alt! Ich kriege doch keinen Herzinfarkt! Und ich esse keinen Tofu!

4 Jolanda is talking to her parents about what things were like when they were growing up. Complete their conversation by filling in the correct possessive adjectives.

> unsere eure meinem deine
> mein seine meine

JOLANDA Wie war es, als ihr Schüler wart? War die Schule so, wie sie jetzt ist?

MUTTI Ja, alles war ungefähr das Gleiche. Wir hatten ein paar Fächer, dann eine Pause, dann noch einige Fächer. Ich erinnere mich, ____**meine**____ Noten in Deutsch, Französisch und Englisch waren immer sehr schlecht. Aber du, Hermann, ____**deine**____ Noten in Sprachen waren sehr gut.

JOLANDA Habt ihr während der Pause immer etwas zum Essen gekauft?

VATI Nein, es war damals ein bisschen anders. ____**Unsere**____ Mütter hatten Zeit, uns ein Pausenbrot vorzubereiten, weil sie nicht gearbeitet haben. Was hast du immer in die Schule mitgebracht, Ulrike?

MUTTI Weißt du das nicht? ____**Mein**____ Onkel war damals in Amerika, und er hat uns mal 12 Gläser Erdnussbutter geschickt. Auf ____**meinem**____ Brot hatte ich dann immer Erdnussbutter und Marmelade.

VATI Und dann nach der Pause waren ____**deine**____ Finger immer klebrig. Ja, meistens habe ich auch mein Brot von zu Hause mitgebracht. Aber die Mütter waren immer alle da, und wir haben auch ab und zu Milch oder so was gekauft.

JOLANDA Waren ____**eure**____ Mütter auch da?

VATI ____**Meine**____ Mutti war nie da.

MUTTI Er spinnt, Jolanda, ____**seine**____ Mutti war auch sehr oft da. Ich habe mit ihr über deinen Vati gesprochen.

5 Build sentences based on the cues.

1. auf / soll / deinem / das / Brötchen / sein / was?
    Was soll das auf deinem Brötchen sein?
    _____

2. mir / am besten / auf / Brötchen / meinem / schmeckt / Tilsiter Käse
    Auf meinem Brötchen schmeckt mir am besten Tilsiter Käse.
    _____

3. ihr / Quark / keinen / eurem / Brötchen / auf / mögt?
    Mögt ihr keinen Quark auf eurem Brötchen?
    _____

4. ich / Brötchen / keine / auf / mag / Sojasprossen / meinem
    Ich mag keine Sojasprossen auf meinem Brötchen.
    _____

6 Formulate questions based on the following answers.

1. **Das ist Quark auf deinem Brot, nicht wahr?** _____
   Nein, das ist nicht Quark, sondern Tofu.

2. **Was soll das auf deinem Brot sein?** _____
   Das ist Margarine und Wurst auf meinem Brot.

3. **Was kostet eine Milch?** _____
   Eine Milch kostet jetzt 30 Cent.

4. **Ich möchte einen Joghurt, bitte.** _____
   Es tut mir Leid, der Joghurt ist alle.

7 **Wie gut ist dein Gedächtnis?** Do you remember what you had for lunch last week? Write it down!

Montag: **Answers will vary.** _____

_____

_____

Dienstag: _____

_____

_____

Mittwoch: _____

_____

_____

Donnerstag: _____

_____

_____

Freitag: _____

_____

_____

Samstag: _____

_____

_____

Sonntag: _____

_____

_____

KAPITEL 5 Zweite Stufe

Dritte Stufe

1 Herr Wagner is running a cola taste test at the supermarket. Complete his conversation by filling in the missing dative pronouns.

HERR W. Können Sie mir sagen, gnädige Frau, welche Cola ____**Ihnen**____ besser

schmeckt, Cola X oder Cola Y?

FRAU Ich glaube Cola X schmeckt ____**mir**____ am besten.

HERR W. Und ihr Kinder? Welche Cola schmeckt ____**euch**____ besser?

JUNGE Ich glaube, Cola Y schmeckt ____**mir**____ besser.

HERR W. Und ____**dir**____ , kleines Fräulein?

MÄDCHEN Ich mag weder X noch Y. Cola schmeckt ____**mir**____ überhaupt nicht!

2 Formulate questions based on the answers, using the phrase **was für ein / eine / einen**.

1. **Was für ein Auto hat deine Großmutter?** **Answers may vary. Possible answers:**
   Meine Großmutter hat einen alten BMW.

2. **Was für ein Buch liest du?**
   Ich lese einen Krimi.

3. **Was für eine Kassette hörst du?**
   Ich höre meine Lieblingskassette –„die Toten Hosen".

4. **Was für einen Computer hast du?**
   Ich habe einen alten Computer, der nicht sehr schnell läuft.

3 Use the cues to build sentences utilizing contractions with **zu**.

1. zu / gehen / Schule / ich / morgen / nicht
   Morgen gehe ich nicht zur Schule.

2. ich / zu / essen / Frühstück / Wurst / immer
   Zum Frühstück esse ich immer Wurst.

3. heute / es / geben / zu / Mittagessen / Spaghetti
   Heute gibt es Spaghetti zum Mittagessen.

4. am Sonntag / mein Vater / zu / kochen / Lammfleisch / Mittagessen
   Am Sonntag kocht mein Vater Lammfleisch zum Mittagessen.

Holt German 2 Komm mit!, Chapter 5

4 Build four questions with the following components.

welche welcher welches	Star Essen Film Obst Buch Gemüse ??	schmeckt gefällt	dir euch Ihnen ihnen ihm ihr	besser lieber am liebsten am besten	Äpfel ??? ???	oder	Bananen ??? ???

BEISPIEL   **Welcher Film gefällt dir besser, „Rambo" oder „Rocky"?**

1.   **Answers will vary.** _____

2.   _____

3.   _____

4.   _____

5 Classify the food vocabulary introduced in this **Stufe** into the following categories:

     **Sonstiges**

Rindersteak	**Fischstäbchen**	**Schnitzel**	**Lammfleisch**	**Sauerkraut**
Schnitzel	**Heilbutt**	**Schweinekotelett**		**Pommes frites**
	Karpfen	**Schweinefleisch**		

From the above lists, pick two or three foods that you most like to eat and explain why they're your favorites.

BEISPIEL   **Ich esse Heilbutt am liebsten, weil er wenig Kalorien hat und gut für die Gesundheit ist.** Answers will vary. Possible answers:

Ich esse Pommes frites am liebsten, denn sie sind ganz schön salzig. Schnitzel esse

ich auch ganz gerne, weil das Schnitzelfleisch mager ist. Lammfleisch esse ich am

liebsten, weil man dieses Fleisch immer würzt.

_____

_____

_____

_____

_____

_____

6 **Kaufmanns** advertising agency wrote up this draft for a radio ad, but made several factual mistakes. Look at the flyer on p. 138 of your text and correct the ad agency's mistakes.

Eilen Sie zu Kaufmanns, wo Sie nur beste Qualität

finden! In unserer Tiefkühlabteilung finden Sie

mageres Rindfleisch, nur 7.87 pro Kilo. Rindersteak

finden Sie zu 0.79 pro Pfund. In unserer

Fischabteilung bekommen Sie 100 g Heilbutt für

1.95. Ein Kilo Forellen bekommen Sie für 1.25.

Wenn Sie Obst für die Kinder kaufen wollen, können

Sie Trauben aus dem Schwarzwald, Bananen aus

Mexiko und Äpfel aus Frankreich günstig kaufen.

Alle Angebote sind gültig ab Montag, den 5.

September. Wenn es eine Frage der Qualität ist,

dann ist Kaufmanns die Antwort! Auf zu

Kaufmanns!

Rindfleisch: 4.99/kg

Rindersteak: 0.79/100 g

Heilbutt: 1.40/100 g

Forellen: 1.25/100 g

Trauben: aus Frankreich

Bananen: aus Guatemala

Äpfel: Schwarzwald

gültig ab Montag,

den 3. September

7 Write your own script for a 30-second radio ad for **Kaufmanns** based on the flyer on p. 138 in your textbook.

Answers will vary.

_____

_____

_____

_____

_____

_____

_____

_____

_____

KAPITEL 5 Dritte Stufe

KAPITEL 6

Gute Besserung!

■ Los geht's!

1 Match the appropriate conversation excerpt to each picture.

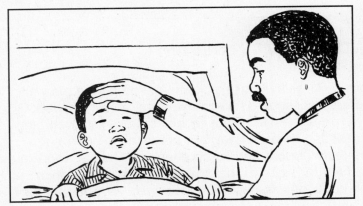

1. ___**b**___

2. ___**c**___

3. ___**a**___

a. Ja, ich fühle mich gar nicht wohl. Ich habe Husten und Schnupfen, und der Hals tut mir furchtbar weh. Ich glaube nicht, dass ich morgen in die Schule gehe. Ich gehe vielleicht lieber zum Arzt.

b. Deine Stirn ist so heiß, Matthias. Ich glaube, du gehst heute nicht in die Schule. Ich mess mal deine Temperatur.

c. Wenn ich zwei Wochen in Mallorca bin, dann brauche ich eine Sonnencreme mit sehr hohem Lichtschutzfaktor, aber diese mit Lichtschutzfaktor 28 ist mir zu teuer. Ich nehme eine andere mit Faktor 22, die ist billiger.

■ Landeskunde

1 Do most people you know have health insurance? Who pays for it? If you're not sure, ask some of them.

Answers will vary. _____

_____

_____

_____

_____

2 In Germany, health insurance is paid for by both employer and employee, as well as the government. All people are guaranteed health coverage, for which workers pay part and their employer pays the rest. Insurance costs are relatively high in Germany, both to the individual and the employer, but coverage is universal (everyone is covered, even the unemployed) and comprehensive. People who are insured usually pay only a small fee for visits to their doctor or for prescription medicines and have little or no out-of-pocket costs if hospitalized. How is this system different from the U.S health care and insurance system?

Answers will vary. _____

_____

_____

_____

_____

_____

_____

3 What are some of the advantages and disadvantages of each system?

Answers will vary. _____

_____

_____

_____

_____

_____

_____

KAPITEL 6 Landeskunde

Holt German 2 Komm mit!, Chapter 6

■ Erste Stufe

1 Match each expression to the appropriate picture below. Then write in the name or names of the people suffering from each of the following ailments.

| Moritz | Max | Sabine | Gerrit | Herr und Frau Becker | Maike und Sven |

1. Ihnen ist schlecht, weil sie Bauchschmerzen haben. **Herr und Frau Becker**

2. Er fühlt sich gar nicht wohl, denn er hat Kopfschmerzen. **Max**

3. Es geht ihm nicht gut, er hat Ohrenschmerzen. **Gerrit**

4. Es geht uns miserabel, wir haben eine Erkältung. **Maike und Sven**

5. Er kann kaum schlucken, weil er Halsschmerzen hat. **Moritz**

6. Es geht ihr gar nicht gut. Sie hat Zahnschmerzen. **Sabine**

2 Max and Moritz, the 5-year-old twins, are not feeling well. Their mother is asking them what's wrong. Fill in the missing reflexive pronouns from the box. (Hint: remember to use the accusative form with **sich fühlen** and the dative form with expressions like **Ist dir nicht gut?**)

MAX   Mama, ich fühle _____**mich**_____ gar nicht wohl!

MORITZ Ich mich auch nicht!

MAMA   Was fehlt _____**euch**_____ ?

MAX   Ich habe Kopfschmerzen.

MORITZ Und ich habe Halsschmerzen.

MAMA   Geht erst mal ins Bett, und ich bringe euch Tabletten und Orangensaft.

MORITZ Aber Mama, ich kann nicht schlucken!

MAMA   Du musst aber unbedingt die Tablette nehmen, Moritz, dann wird es _____**dir**_____ besser gehen.

MAX   Wird es _____**mir**_____ auch besser gehen?

MAMA   Es wird _____**euch**_____ beiden besser gehen, wenn ihr eure Tabletten nehmt, den Saft trinkt und ein bisschen schlaft.

KAPITEL 6 Erste Stufe

3 Put the elements of the scrambled sentences in order to find out what Heike is suggesting. Remember to use the correct verb forms.

1. JOCHEN Ich habe Hunger.
   HEIKE mal / ins / Café / wir / gehen / !

   Gehen wir mal ins Café!

2. JOCHEN Die Tanja war heute nicht in der Schule.
   HEIKE sie / anrufen / wir / sollen / ?

   Sollen wir sie anrufen?

3. JOCHEN Das Baby hat Ohrenschmerzen; es geht ihm nicht gut.
   HEIKE wir / zum / bringen / Arzt / es / wir / mal / !

   Bringen wir es mal zum Arzt!

4. JOCHEN Ich habe jeden Tag Bauchschmerzen.
   HEIKE nicht / Fett / weniger / du / sollen / essen / ?

   Sollst du nicht weniger Fett essen?

4 Use the pictures from Activity 1 on page 63 to form questions inquiring about the people's health.

Answers will vary. Possible answers:

Wie fühlst du dich / fühlt ihr euch / fühlen Sie sich?

Was fehlt dir / euch / Ihnen?

Ist dir / euch / Ihnen nicht gut?

Wie geht es dir / euch / Ihnen?

Ist was mit dir / euch / Ihnen?

1. Max: **Ist was mit dir?**

2. Moritz: **Ist dir nicht gut?**

3. Sabine: **Wie geht es dir?**

4. Gerrit: **Was fehlt dir?**

5. Herr und Frau Becker: **Wie fühlen Sie sich?**

6. Meike und Sven: **Ist euch nicht gut?**

5 Now pick three of the pictures from Activity 1 on page 63 and write exchanges for them, in which you (A) inquire about the health of the person(s) pictured, and (B) he, she, or they respond.

BEISPIEL <u>Sabine</u>
       A: <u>Sabine, wie geht es dir?</u>
       B: <u>Nicht gut, ich habe Zahnschmerzen.</u> **Answers may vary. Possible answers:**

1. **Herr und Frau Becker**

   A: **Herr und Frau Becker, was fehlt Ihnen?**

   B: **Wir haben Bauchschmerzen.**

2. Moritz

   A: Moritz, wie fühlst du dich?

   B: Gar nicht gut. Ich habe Halsschmerzen.

3. Maike und Sven

   A: Maike und Sven, wie geht es euch?

   B: Miserabel. Wir haben eine Erkältung.

6 Read the following message that was left on the answering machine at the local health clinic.

> Hallo, hier ist Tehrani. Meine Tochter ist fünf.
> Am Wochenende ist sie viel geschwommen,
> weil es so heiß war, und sie hat Wasser in
> die Ohren gekriegt. Heute hat sie Ohren-
> schmerzen und etwas Fieber. Was soll ich
> tun? Soll ich sie zum Arzt bringen? Oder
> geht es bald vorbei? Rufen Sie mich bitte an.
> Meine Nummer ist 70 67 87. Vielen Dank!

Now write down the message you would leave on the clinic's answering machine if you had the following problem: You ate too much junk food at a soccer game. It also got cold and rained at the game. Now you have a stomachache, you're sneezing and coughing, and you have a fever. You would like to know what to do.

Answers will vary. Possible answers:

Hallo, hier ist Thomas. Heute während des Fußballspiels habe ich zu viele Süßigkeiten

gegessen. Weil es geregnet hat, war ich nass. Das Wetter war auch ziemlich kalt. Jetzt

geht es mir gar nicht gut. Ich habe Bauchschmerzen, Husten und Schnupfen und Fieber.

Was soll ich tun? Soll ich zum Arzt gehen? Rufen Sie mich bitte an. Meine Nummer ist

70 67 87. Vielen Dank für Ihre Hilfe!

■ Zum Lesen

1 Make a list of six things to take along which might be helpful for avoiding illnesses if you were going on a trip to a city and planned to stay in a hotel. Now make a second list of six items you would need if you were to go camping. How do these lists differ?

Answers will vary.

_____ _____

_____ _____

_____ _____

2 Read the article and complete the activities that follow.

> ### Gesund im Urlaub
>
> Die Urlaubszeit ist die kostbarste Jahreszeit. Und die möchte man unbeschwert genießen. Damit kleine Mißgeschicke Ihnen nicht die Ferienstimmung verderben, sollten Sie die Reiseapotheke nicht vergessen. Stellen Sie sich vor Ihrer Reise das Nötigste zusammen. Im Kaufhof können Sie auch komplette Verbandstaschen kaufen.
>
> **Was Sie dabei haben sollten:**
> • Fieberthermometer
> • Pinzette
> • Verbandsschere
> • Pflaster
> • Sicherheitsnadeln
> • Desinfektionsmittel
> • antiseptisches Puder oder Salbe
> • Binden (elastisch und Mull-)
>
> • Brand- und Sportgel
> • Mittel gegen Insektenstiche und zum Schutz vor Insekten
>
> Sollten Sie Medikamente benötigen, so lassen Sie sie sich am besten von Ihrem Hausarzt verschreiben. z.B. gegen Reisekrankheiten, Magen- und Darmstörungen, oder Erkältungskrankheiten

Excerpts from "Gesund Im Urlaub: Reiseapotheke" from *Freizeitideen*. Reprinted by permission of *AFM Verlag GmbH*.

3 Which of the following best describes the article?
   a. an account of a vacation during which the vacationers got sick
   b. advice about how to avoid getting sick while on vacation
   c. items to take on vacation which would be helpful in case of illness or injury

4 Place the items from the list in the article into the chart below, according to the kind of vacation they are most helpful for.

Camping vacations specifically	**All vacations**
Answers will vary.	

5 Look at the following definitions, and then write the appropriate compound nouns from the article under the pictures.

Desinfektion *disinfectant*	Nadel *needle, pin*
Erkältung *cold*	Reise *trip; travel*
Insekten *insects*	Schere *scissors*
Krankheit *illness*	Sicherheit *safety*
Mittel *aid; agent*	Stich *sting*
	Verband *bandage*

1.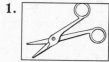
Verbandsschere

2.
Sicherheitsnadeln

3.
Reisekrankheit

4.
Erkältungskrankheit

5.
Insektenstich

6.
Desinfektionsmittel

KAPITEL 6 Zum Lesen

◼ Zweite Stufe

1 Write down the appropriate body part in the slot according to its number on the drawing. Write it as if it were a dictionary entry, including the article and the plural form.

1. __der Kopf, ⸚e__
2. __der Hals, ⸚e__
3. __die Schulter, -n__
4. __der Rücken, -__
5. __der Bauch, ⸚e__
6. __die Hüfte, -n__
7. __der Arm, -e__
8. __das Bein, -e__
9. __der Knöchel, -__
10. __das Knie, -__
11. __der Fuß, ⸚e__

2 **Diese trockenen Knochen!** Fill in the missing body parts in this translation of the familiar song *Them Dry Bones* ("the foot bone's connected to the ankle bone; the ankle bone's connected to the leg bone; the leg bone's connected...." etc.). *Don't forget that in this song, everything is a bone, even the throat!* Start with the head and go down to the feet.

Answers may vary. Possible answers:

Der Kopfknochen ist mit dem _____**Hals**_____ knochen verbunden. Der Halsknochen

ist mit dem _____**Schulter**_____ knochen verbunden. Der Schulterknochen ist mit dem

_____**Rücken**_____ knochen verbunden. Der _____**Rücken**_____ knochen ist mit dem

_____**Bauch**_____ knochen verbunden. Der _____**Bauch**_____ knochen ist mit dem

_____**Hüft**_____ knochen verbunden. Der _____**Hüft**_____ knochen ist mit dem

_____**Bein**_____ knochen verbunden. Der _____**Bein**_____ knochen ist mit dem

_____**Knöchel**_____ knochen verbunden. Der _____**Knöchel**_____ knochen ist mit dem

Fußknochen verbunden.

3 Sarah, away from her hometown for her first semester in college, is sick and is whiling away some time by writing her favorite Swiss aunt a letter. First skim her letter and underline all the verbs that take dative objects (there is a list in your textbook on p. 163), and then fill in the appropriate accusative and dative pronouns.

Accusative   **euch**   **mich** **dich**   Dative   **mir** **euch** **dir**

Liebe Tante Patrizia,

ich schreibe _____**dir**_____ heute diesen Brief, weil ich krank bin. _____**Mir**_____ geht es absolut miserabel. Ich habe Schnupfen und Husten. Der Kopf <u>tut</u> _____**mir**_____ weh und mein Hals auch. Ich fühle _____**mich**_____ gar nicht wohl. Hoffentlich <u>geht</u> es _____**dir**_____ viel besser.

Vielen Dank für die Geburtstagspralinen. Ich habe sie erst heute bekommen. Schade, dass ich krank bin. Ich möchte sie essen, aber heute <u>schmeckt</u> _____**mir**_____ absolut nichts, weil ich _____**mich**_____ so schlecht fühle.

Mutti hat _____**mir**_____ <u>gesagt</u>, dass du und Sepp im Mai heiraten. Herzlichen Glückwunsch! Ich will _____**euch**_____ bei der Hochzeit <u>helfen</u>. Ich könnte zum Beispiel singen, etwas von Bach vielleicht.

Ich hoffe, dass ich _____**dich**_____ bald sehe. <u>Wünsch</u> _____**mir**_____ eine gute Besserung! Bis bald,

deine Sarah

Now say whether the following statements are true (**stimmt**) or false (**stimmt nicht**) based on what you read in the letter.

1. Sarahs Tante Patrizia ist heute krank. **stimmt nicht** _____

2. Sarah will die Pralinen heute nicht essen, weil ihr heute nichts schmeckt. **stimmt** _____

3. Sarah und Sepp werden im Mai heiraten. **stimmt nicht** _____

4. Sarah will Patrizia bei der Hochzeit helfen. **stimmt** _____

4 The children have been out making mud pies, but now it's time for them to get ready to go to dinner. Use the cues to tell them what to do to get ready.

BEISPIEL   Toby: die Haare kämmen   <u>**Toby, kämm dir die Haare!**</u>

1. Hansi: die Hände waschen <u>**Wasch dir die Hände!**</u>

KAPITEL 6 Zweite Stufe

2. Jens und Karla: die Haare kämmen **Kämmt euch die Haare!** _____

3. Karina: die Zähne putzen **Putz dir die Zähne!** _____

4. Tonio und Ute: das Gesicht waschen **Wascht euch das Gesicht!** _____

5 Think of three people you know of who have had sports-related injuries, and what activities they were engaged in when they were injured. If you don't know people with this type of injury, make some up!

Wer?	Was?	Welche Aktivität?
ich	das Knie verletzt	Fußballspielen
mein Freund Tom	die Schulter verstaucht	Kegeln

6 Now pick three of the injuries you described above and write a sentence about each one.

BEISPIEL   **Ich habe mir beim Fußballspielen das Knie verletzt.**
          Mein Freund Tom hat sich beim Kegeln die Schulter verstaucht.

Hint: to make the phrase "while doing [a specific activity]" use the word **beim (bei + dem)** together with the capitalized verb, as in the examples above.

1. **Answers will vary.** _____

2. _____

3. _____

7 Imagine you hurt yourself yesterday playing hockey. Use the cues below in a logical sequence to help you write your description of what happened.

> **zum Arzt gehen**   **furchtbare Schmerzen**   **Hockey spielen**
> **Arzt: nicht verstaucht, gebrochen**   **sich den Arm verstauchen**

Answers will vary. Possible answers:
Gestern habe ich **Hockey mit meiner Mannschaft gespielt. Dabei habe ich mir den**

Arm verletzt. Unser Trainer hat gesagt, dass ich mir den Arm verstaucht habe.

Weil ich so furchtbare Schmerzen hatte, bin ich dann zur Ärztin gegangen. Sie hat

mir gesagt, dass mein Arm gebrochen ist.

_____

_____

■ Dritte Stufe

1 Which behaviors are important for staying healthy? Circle them.

Alkohol vermeiden

die Sonne vermeiden

einmal im Jahr zum Arzt gehen

Eis essen

Hausaufgaben machen

sich zweimal am Tag die Zähne putzen

ins Kino gehen

Kaffee trinken

Karten spielen

nur Sonnencreme mit hohem Lichtschutzfaktor benutzen

nur leichte Speisen essen

Sport treiben

täglich eine Portion Pommes frites essen

viel Fernsehen schauen

viel Wasser trinken

2 Match the picture with the correct sentence explaining what you do with it. Then fill in the blanks in each sentence with the appropriate item.

a.   b.   c.   d.

__b__ 1. Mit __Haarshampoo__ wasche ich mir die Haare.

__d__ 2. Mit __Seife__ wasche ich mir die Hände.

__c__ 3. Mit __Zahnpasta__ putze ich mir die Zähne.

__a__ 4. Mit __Sonnenmilch__ schütze ich mich gegen die Sonnenstrahlen.

3 For each of the following health complaints, write in the best response from the box.

> *Ruf mal den Arzt an!*
>
> *Leg dich ins Bett und trink viel Wasser!*
>
> *Du sollst vielleicht nur leichte Speisen essen.*
>
> *Geh doch mal zur Apotheke!*

1. Mein Kind hat hohes Fieber.

   Ruf mal den Arzt an!
   _____

2. Ich glaube, ich habe einen Sonnenstich.

   Leg dich ins Bett und trink viel Wasser!
   _____

3. Wenn ich Pommes und Schnitzel esse, bekomme ich immer Magenschmerzen.

Du sollst vielleicht nur leichte Speisen essen.

4. Meine Medizin ist alle.

Geh doch mal zur Apotheke!

4 Fill in the crossword using the cues given. All the words in the puzzle are forms of the following verbs: **brechen, laufen, messen, waschen**.

Moritz, kannst du Max helfen? Er __1__ das
Mehl für den Kuchen, aber er kann den
Messbecher nicht alleine halten.
Max, du hast ja Fieber. Ich __2__ deine Temperatur.
Die Regina ist so sauber, die __3__ sich
dreimal pro Tag das Gesicht!
Kinder, __4__ euch die Hände und kommt
zu Tisch!
Der Thomas, der __5__ sich jedes Jahr
das Bein! Ich glaube, der __6__ nicht
so gut Ski!

5 What is wrong with each of these people?

Answers will vary. Possible answers:

1. **Hildegard hat hohes Fieber.**

2. **Fritz hat sich das Bein gebrochen.**

3. **Judith hat furchtbare Bauchschmerzen.**

4. **Carlos hat Halsschmerzen.**

5. **Claudia hat sich die Schulter verletzt.**

6. **Aysha hat eine Erkältung.**

7. **Thomas hat Kopfschmerzen.**

KAPITEL 6 Dritte Stu...

6 Now pick four people from the waiting room on page 71 and give them some friendly advice about what they should do. **Answers will vary. Possible answers:**

1. Hildegard, miss mal dein Fieber!

2. Judith, du sollst nur leichte Speisen essen.

3. Carlos, ruf den Arzt an!

4. Thomas, du sollst Alkohol vermeiden!

7 Joseph has written an account of the day last week when he hurt his ankle. Use it as a model for writing your own account of a time when you or someone you know got hurt.

Letzten Freitag, also am 13. Oktober, habe ich nach der Schule Basketball gespielt. Es war spät und ziemlich kalt. Ich war müde, und ich habe mir den Knöchel verstaucht. Weil ich nicht zu Fuß nach Hause gehen konnte, hat mich meine Mutter abgeholt und zum Krankenhaus gebracht. Die Ärztin hat mir gesagt, dass ich mir den Knöchel nicht verstaucht, sondern gebrochen habe. Jetzt habe ich einen Gipsfuß und darf nicht laufen. Die Ärztin sagte, ich kann vielleicht im Frühling wieder Fußball spielen.

Answers will vary.

7 Stadt oder Land?

■ Los geht's!

UMFRAGE

Name: _____

Alter: _____

Wohnort: _____

1. Wo wohnst du jetzt?
___ in einer Großstadt
___ in einer Kleinstadt
___ in einem Vorort
___ in einem Dorf

2. Wo möchtest du am liebsten wohnen?
___ in einer Großstadt
___ in einer Kleinstadt
___ in einem Vorort
___ in einem Dorf

3. Was sollte es in einem idealen Wohnort geben? Kreuz die drei wichtigsten Eigenschaften an.
___ viele Geschäfte
___ wenig Verkehr
___ saubere Luft
___ viel zu tun (Kino, Theater, Diskos, usw.)
___ ruhiges Leben
___ viel Natur
___ gute öffentliche Verkehrsmittel
___ ganz viele Leute
___ nicht viele Leute

Name _____ Klasse _____ Datum _____

■ Erste Stufe

1 a. Look at the map below and describe where each of the following is located:

BEISPIEL   Der Bauernhof ist **auf dem Land.**

> am Marktplatz   an einem Fluss
> auf dem Land   in der Innenstadt
> in den Bergen   am Stadtrand

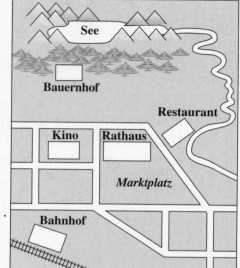

1. Der See ist _____ **in den Bergen** _____ .
2. Der Bahnhof ist _____ **am Stadtrand** _____ .
3. Das Restaurant ist _____ **an einem Fluss** _____ .
4. Das Kino ist _____ **in der Innenstadt** _____ .
5. Das Rathaus ist _____ **am Marktplatz** _____ .

b. Ist diese Stadt eine Großstadt oder eine Kleinstadt? Was meinst du? Warum?
Kleinstadt; reasons may vary. _____

2 Compare the following objects, describing the relationship of the second object to the first. **Ist er größer, schneller, länger, oder so groß wie der erste Gegenstand?**

1.    Der Kuli ist **länger als der Bleistift.**

2.    Das Buch ist **dicker als das Heft.**

3.   Die Schülerin ist **so groß wie der Schüler.**

4.    Die Hütte ist **kleiner als das Haus.**

5.    Das Auto ist **schneller als das Fahrrad.**

Name _____ Klasse _____ Datum _____

3 Fill in the blanks with the appropriate forms of the comparative adjectives.

BEISPIEL Das Leben in der Großstadt ist schön, aber das Leben in der Kleinstadt ist <u>**schöner.**</u>

1. Die Luft in der Kleinstadt ist sauber, aber die Luft auf dem Land ist _____**sauberer**_____ .

2. Im Vorort gibt es wenig zu tun, aber in der Großstadt gibt es _____**mehr**_____ zu tun.

3. Dörfer sind tagsüber sehr ruhig, aber nachts sind sie noch _____**ruhiger**_____ .

4. Die Restaurants in einem Dorf sind vielleicht teuer, aber die Restaurants in einer Großstadt sind noch _____**teurer**_____ .

5. Im Winter wird der Schnee auf dem Land ein bisschen schmutzig, aber in Frankfurt wird er viel _____**schmutziger**_____ .

4 Thus far in the chapter, you have heard many students talking about the advantages and disadvantages of living in big cities and small towns. Use these terms to fill in the crossword puzzle.

1. Man kann in der Kleinstadt gut atmen, weil sie saubere _____ hat.
2. Es gibt nicht so viele Autos in der Kleinstadt wie in der Großstadt, deshalb ist die Kleinstadt viel _____ .
3. In der Großstadt kommt man besser herum, weil es da viele _____ gibt.
4. Hier kann man wunderschöne Tänzer sehen. _____
5. Hier kann man Schauspiele sehen. _____
6. Hier kann man Leute singen hören. _____
7. Viele junge Leute leben gern in der Großstadt, denn es gibt da immer sehr viel zu _____ .
8. Weil die Großstadt so viel Verkehr hat, hat sie auch sehr viel _____ .

```
3.|V|      4.|B|
  |E|        |A|
  |R|        |L|
  |K|        |L|
  |E|        |E|        2.
5.|T|H|E|A|T|E|R|
  |R|      |T| |U|
1.|S|        | |H|
8.|L|Ä|R|M|  | |I|
  |U|  |I|    | |G|
  |F| 7.|T|U|N| |E|
  |T|  |T|    | |R|
6.|O|P|E|R|
  |L|
```

5 Imagine you're babysitting a very environmentally conscious, precocious 4-year-old boy who wants to know why things are the way they are. Use **weil-** and **da-** constructions to answer his incessant questions as best you can.

BEISPIEL Warum sterben die Bäume im Schwarzwald?
<u>**Die Bäume sterben, weil die Luft so schmutzig ist.**</u>

1. Warum ist die Luft in der Stadt so schmutzig? **Answers will vary. Possible answers:**
<u>**Die Luft in der Stadt ist so schmutzig, weil es so viel Verkehr gibt.**</u>

2. Warum ist es in der Stadt so laut?
<u>**Es ist so laut in der Stadt, weil es viele Autos gibt.**</u>

3. Warum kommen die Leute vom Land so oft in die Stadt?
<u>**Sie kommen so oft in die Stadt, weil es dort viel zu tun gibt.**</u>

4. Warum laufen die Leute so schnell?
<u>**Sie laufen so schnell, weil sie es eilig haben.**</u>

5. Warum ist der Himmel grau?
<u>**Der Himmel ist grau, weil die Luft so schmutzig ist.**</u>

Name _____ Klasse _____ Datum _____

6 Answer the questions by explaining which of the two choices you prefer and why.

BEISPIEL   Äpfel/ Orangen   Welches Obst ziehst du vor? Warum?   **Answers will vary.**
Ich ziehe Äpfel vor, weil sie halt besser schmecken.   **Possible answers:**

1. Actionfilme / Komödien   Was für Filme gefallen dir besser? Warum?
   Actionfilme gefallen mir besser, weil sie so spannend sind.

2. Liebesromane / Sciencefictionromane   Welche Romane liest du lieber? Warum?
   Sciencefictionromane gefallen mir besser, weil sie phantasievoll sind.

3. Ballett / Oper   Was findest du interessanter? Warum?
   Ich finde Ballett interessanter, weil die Tänzerinnen so schön sind.

4. Kino / Theater   Was hast du lieber? Warum?
   Ich gehe lieber ins Kino, weil es nicht so viel kostet.

5. Leben in der Großstadt / Leben auf dem Land   Welches Leben gefällt dir besser? Warum?
   Leben in der Großstadt gefällt mir besser, weil es immer so viel zu tun gibt.

7 Look at the following sketches of German people. All of them are explaining whether they prefer the city or the countryside. Fill in the blanks with what you imagine they are saying.

Answers will vary.

■ Landeskunde

1 You have learned a great deal about German cities. Do you think German towns and cities are similar to those in the United States? Make a list of things you would expect to find only in German cities, only in American cities, and in both.

U.S.A.	Germany	Both
_____	_____	_____
_____	_____	_____
_____	_____	_____
_____	_____	_____
_____	_____	_____

2 Review what the German teenagers on page 191 of your textbook say about life in big cities and small towns. Do you think the difference between big cities and small towns in the United States is as great? Why or why not?

Answers will vary. _____

_____

_____

_____

_____

_____

3 Imagine you went out on the town last night with your friends in a big American or German city. Write a letter to your German pen pal describing what you did. Make sure your activities reflect whether you were in an American or a German city!

_____

_____

_____

_____

_____

_____

_____

Name _____ Klasse _____ Datum _____

■ Zweite Stufe

1 For each of the following rooms, make a list of which items from the box you might find there.

> **Bett** **Sessel** **Esstisch** **Stereoanlage** **Waschbecken** **Kühlschrank** **Spiegel**
> **Herd** **Ofen** **Stühle** **Sofa**

Schlafzimmer	Küche	Wohnzimmer	Badezimmer	Esszimmer
Bett	Herd	Stereoanlage	Waschbecken	Esstisch
	Ofen	Sessel	Spiegel	Stühle
	Kühlschrank	Sofa		

2 Look at the pictures below. What rooms do you think these dwellings have? Draw a floorplan of each home, arranging it as you think it should be and labeling all the rooms.

Which one of these homes looks more like your dream house?

_____

Holt German 2 Komm mit!, Chapter 7

3 You are reading ads in the newspaper in order to find a new place to live. Look at the following ads and then write them out in complete sentences.

IMMOBILIEN – ANGEBOTE	
EFH in Bischofsheim, 3 Schlafzi., Wohnzi., Küche, Bad, Keller, herrliches Grundstück, nur 5 km zum Bhf., € 120 000. Tel.: 26589	**RHH,** Baujahr '68, 4 Schlafzi., Terr., Bad, WC, kl. Garten, Gar., 5 Min. zur S-Bahn. € 190 000. Tel.: 30426

Answers may vary slightly.

Das Einfamilienhaus in Bischofsheim hat drei Schlafzimmer, ein Wohnzimmer, eine Küche, ein Bad und einen Keller. Es ist ein herrliches Grundstück, nur fünf Kilometer zum Bahnhof. Es kostet 120 000 Euro.

Hier ist ein Reihenhaus, Baujahr 1968. Es hat vier Schlafzimmer, eine Terrasse, ein Bad und ein WC (eine Toilette), einen kleinen Garten und eine Garage. Es sind nur 5 Minuten zur S-Bahn. Das Haus kostet 190 000 Euro.

4 You and your roommate are looking for a new place to live, but you are in a very disagreeable mood today and respond to everything your roommate says with the complete opposite.

BEISPIEL Ich möchte in einer kleinen Wohnung wohnen.
Aber ich möchte in einer großen Wohnung wohnen.

1. Ich wünsche mir ein schönes Haus mit einem großen Garten.
   Aber ich wünsche mir ein hässliches Haus mit einem kleinen Garten.

2. Ich möchte eine moderne Küche mit neuen Dingen.
   Aber ich möchte eine altmodische Küche mit alten Dingen.

3. Ich möchte in einem ruhigen Stadtteil wohnen.
   Aber ich möchte in einem lauten Stadtteil wohnen.

4. Ich möchte billige Möbel kaufen.
   Aber ich möchte teure Möbel kaufen.

5. Ich wünsche mir ein bequemes Wohnzimmer und einen kleinen Pool.
   Aber ich wünsche mir ein unbequemes Wohnzimmer und einen großen Pool.

5 Grandpa made a chart of what everybody wanted for the holidays in order to make sure he remembered all of his relatives. Help him decipher the chart so he can get his shopping done! Write sentences below to explain who wants which gift. Make sure you use the correct adjective endings in your sentences.

Renate	Enkelin	Schlittschuhe (neu)
Inge	Tochter	Gummistiefel (gelb)
Karl	Inges Mann	Auto (rot)
Otto	Enkel	Computerspiel (toll)
Hilde	Frau	Haus (neu/in der Großstadt)
Michael	Sohn	Hemd (gestreift)

BEISPIEL   **Renate, Opas Enkelin, wünscht sich neue Schlittschuhe.**

1. **Inge, Opas Tochter, wünscht sich gelbe Gummistiefel.**

2. **Karl, Inges Mann, wünscht sich ein rotes Auto.**

3. **Otto, Opas Enkel, wünscht sich ein tolles Computerspiel.**

4. **Hilde, Opas Frau, wünscht sich ein neues Haus in der Großstadt.**

5. **Michael, Opas Sohn, wünscht sich ein gestreiftes Hemd.**

6 Look at the box on the right. Circle the things you would wish for everyone, draw a box around the things you would wish for yourself, and star the things you would wish for your children.

> eine gute Ausbildung   keinen Hunger
>
> ein friedliches Leben   keine Armut
>
> einen tollen Job   ein eigenes Zimmer
>
> ein schönes Auto
>
> eine neue Stereoanlage
>
> eine saubere Umwelt   keinen Krieg

7 Imagine that you just found a genie in a lamp. The genie has agreed to grant you three wishes. What three things would you wish for? Explain your answers.

Answers will vary.

_____

_____

_____

_____

_____

_____

_____

80   Übungsheft, Teacher's Edition

Name _____ Klasse _____ Datum _____

■ Zum Lesen

1 The following texts were taken from interviews in a German magazine. Read the texts and then complete the activities which follow.

Was ist für Sie das Paradies?

Prominente sagen, wo sie es gefunden haben.

Julia Roberts: Paradies ist für mich, meinen Mann in der Badewanne singen zu hören. Selbst wenn es scheußlich klingt.

Niki Lauda: Mein Paradies ist da, wo ich meine Ruhe habe und mich keiner quält. Dabei ist mir der Ort völlig egal.

E. Volkmann: Wir leben hier in einem Paradies, wenn ich sehe, wieviel Gewalt, Krieg und Elend es auf der Welt gibt.

Harrison Ford: Ich habe mein Paradies gefunden. Es ist am Fuß der Rocky Mountains, hat 320 Hektar und einen eigenen See.

Gerd Gerken: Paradies ist, wenn die Arbeit, die ich gerade mache, genauso hell leuchtet wie die Sonne, in der ich gerade sitze.

Excerpts from "Was ist für Sie das Paradies?" from *Freundin*, 9/94, p. 154. Reprinted by permission of ***Burda GmbH***.

---

2 What is most important for each star's paradise—a person, a place, peace, or an activity?

Julia Roberts _____ **person** _____   Harrison Ford _____ **place** _____

Niki Lauda _____ **peace** _____   Gerd Gerken _____ **activity** _____

E. Volkmann _____ **place / peace** _____

3 Use grammatical and lexical cues to determine the meanings of the excerpts below. Circle the subject of each clause and give an English equivalent of the phrase.

1. und mich (keiner) quält: **nobody bothers me**

2. (Paradies) ist für mich, meinen Mann in der Badewanne singen zu hören:
   For me, paradise is hearing my husband sing in the bathtub.

3. Dabei ist mir (der Ort) völlig egal: **The location is not important.**

4 Which of the responses do you most agree with and why?
Answers will vary. _____

_____

5 Describe your own paradise in terms of where it would be, who would be there with you, and what you would do there.
Answers will vary. _____

_____

_____

_____

Name _____ Klasse _____ Datum _____

■ Dritte Stufe

1 Look at the picture to the right and list all the things that make noise.

Answers may vary slightly.

Flugzeug, LKW, Motorrad, Auto, Radio,

Hunde, Rasenmäher, Nachbarn

2 Use the vocabulary items from the box to replace the underlined phrases below.

> Lärmschutz
> Lastkraftwagen und Busse
> Normalstärke   unnötige Fahrt
> belästigt   Kavalierstarts
> Geschwindigkeitsbeschränkung
> lärmbewusstes Verhalten   Bahnübergang

1. Man soll vermeiden, <u>das Auto laut und schnell zu starten</u>.

   Kavalierstarts

2. Man spielt das Radio <u>nicht zu laut und nicht zu leise</u>.

   Normalstärke

3. Man <u>fährt ohne einen wichtigen Grund</u>.

   unnötige Fahrt

4. Man soll den Motor abstellen, wenn man dort wartet, <u>wo die Züge vorbeifahren</u>.

   Bahnübergang

5. Viele Leute fühlen sich durch Lärm <u>gestört</u>.

   belästigt

6. <u>Wenn man immer daran denkt, wie man Lärm vermindern kann</u>.

   lärmbewusstes Verhalten

7. <u>Diese Fahrzeuge</u> verursachen einen größeren Lärm als Personenkraftwagen.

   Lastkraftwagen und Busse

8. Auf einem Schild steht <u>eine Zahl, die zeigt, dass man nicht schneller fahren darf</u>.

   Geschwindigkeitsbeschränkung

9. <u>Was man machen soll, damit die Leute nicht durch Lärm belästigt werden</u>.

   Lärmschutz

3 In each of the pictures below, someone is shown to be inconsiderate about noise. Ask them politely to change whatever is necessary.

BEISPIEL  **Stellen Sie das Radio auf Normalstärke, bitte!**

Answers may vary slightly.

1.   2.   3.   4.   5.

82 Übungsheft, Teacher's Edition

Holt German 2 Komm mit!, Chapter 7

1. **Sprechen Sie nicht so laut, bitte!**

2. **Stellen Sie bitte den Motor ab!**

3. **Schließen Sie die Tür bitte leiser!**

4. **Fahren Sie bitte nicht so schnell in die Kurve!**

5. **Hupen Sie bitte nicht! Gehen Sie lieber an die Tür!**

4 You and your friend, Michael, are trying to decide what to do for the evening. He makes several suggestions which you don't particularly like, but, being polite, you don't want to simply disagree. Write sentences expressing your reservations (given in parentheses).

BEISPIEL

MICHAEL Ich will ins Kino gehen. Ich möchte den neuen Film mit Harrison Ford sehen. Möchtest du den auch sehen? (zu brutal)

DU <u>Ja, schon, aber ich finde seine Filme zu brutal.</u>

1. MICHAEL Ich habe Hunger. Ich will in diesem chinesischen Restaurant essen. Willst du auch dort essen? (zu teuer)

DU **Eigentlich schon, aber ich finde dieses Restaurant zu teuer.**

2. MICHAEL Ich will tanzen gehen. Willst du mit mir in diese Disko gehen? (zu laut)

DU **Ja, schon, aber ich finde diese Disko ein bisschen zu laut.**

3. MICHAEL Fahren wir lieber mit dem Zug. Die Busse sind zu langsam. Findest du nicht? (Busse fahren weiter in die Stadt hinein)

DU **Ja, schon, aber die Busse fahren weiter in die Stadt hinein.**

4. MICHAEL Ich glaube, wir sollen nach Hause gehen. Was meinst du? (es ist noch früh)

DU **Ich stimme dir zwar zu, aber es ist noch früh.**

5 Draw a simple face with all the usual features— hair, ears, eyes, nose, mouth, etc. Then draw a second face next to it following the instructions below.

1. Mach die Nase größer!
2. Mach die Augenbrauen dunkler!
3. Mach die Wimpern länger!
4. Mach die Ohren kleiner!
5. Mach den Mund runder!
6. Mach das Kinn eckiger!
7. Mach die Haare kürzer!
8. Mach deine eigenen Veränderungen!

Gesicht 1

Gesicht 2

Now describe the second face in relation to the first.

BEISPIEL   Das zweite Gesicht hat <u>**eine größere Nase.**</u>

1. Das zweite Gesicht hat _____ dunklere Augenbrauen _____ .

2. Das zweite Gesicht hat _____ längere Wimpern _____ .

3. Das zweite Gesicht hat _____ kleinere Ohren _____ .

4. **Answers may vary.**

5. **Answers may vary.**

6 You are in debate class and the topic of the day is **Verkehrsmittel—gut oder schlecht?** In the paragraph below, one student argues for the advances in transportation technologies. Read it and then present the opposing view that improved transportation has caused many problems, such as noise and air pollution. You may want to agree with some of the points of the first paragraph. Be sure to present reasons for your point of view.

Die modernen Verkehrsmittel sind etwas Wunderbares. Vor hundert Jahren sind Leute oft krank geworden, und sie konnten keine Hilfe bekommen, weil es keine Verkehrsmittel gab, um zum Krankenhaus zu fahren. Es gab keine Busse, keine Flugzeuge, keine Autos, und Leute sind oft gestorben, die heutzutage schnell ins Krankenhaus kommen könnten.

Verkehrsmittel sind auch wunderbar, weil sie die Welt kleiner gemacht haben. Jetzt kann man innerhalb eines Tages von Amerika nach Deutschland fliegen. Die Leute der verschiedenen Länder verstehen sich viel besser. Sie haben weniger Angst vor anderen Kulturen.

Manchmal muss man schnell irgendwohin fahren, und manchmal will man schnell irgendwohin fahren. Die modernen Verkehrsmittel machen diese Dinge möglich.

Answers will vary.

_____

_____

_____

_____

_____

_____

_____

_____

_____

_____

_____

_____

_____

_____

Name _____ Klasse _____ Datum _____

8 Mode? Ja oder nein?

■ Los geht's!

1 Complete the following survey about your fashion sense and that of your family members. Then add up your score to determine how fashionable your family really is.

Kreuze je die betreffende Antwort an!

1. Meine Mutter zieht sich eigentlich immer _____ an.
  a. altmodisch
  b. sportlich
  c. flott

2. Meine Kleidung besteht hauptsächlich aus Klamotten, die _____ sind.
  a. lässig
  b. bequem
  c. fesch

3. Mein Vater hat seinen eigenen Stil. Er sieht meistens ganz _____ aus.
  a. verrückt
  b. einfach
  c. schick

4. Im Moment tragen meine Geschwister total _____ Sachen.
  a. fetzige
  b. natürliche
  c. modische

Hier sind die Resultate:

Wenn du „a" am meisten angekreuzt hast:
Deine Familie braucht dringend Hilfe! Lasst euch in der Modeabteilung beraten!

Wenn du „b" am meisten angekreuzt hast:
Für deine Familie passt das folgende Sprichwort: Gleich und Gleich gesellt sich gern (*birds of a feather flock togethe*r). Doch ein kleiner Tipp: Jeder soll versuchen, einen individuellen Stil zu finden!

Wenn du „c" am meisten angekreuzt hast:
Bei euch spielt Mode eine große Rolle! Deine Familie ist informiert über die neusten Modestile und weiß, wie eine flotte Garderobe zusammengestellt wird!

■ Landeskunde

1 Based on what you have learned about how Germans like to dress, complete the chart with information describing what you believe a German student and a typical American student would wear for each of the occasions.

	Deutschland	Amerika
zu einer Fete		
beim Tennisspiel		
beim Reiten		
in der Schule		

■ Erste Stufe

1 Fill in each blank with the correct ending.

1. Dies_e_ olivgrün_e_ Krawatte gefällt dem Dietmar.

2. Dies_er_ weiß_e_ Pulli passt echt gut zu dies_em_ schwarz_en_ Rock.

3. Was hast du nur mit dies_en_ neu_en_ Schuhen gemacht? Die sehen ja bereits scheußlich aus!

4. Jens arbeitet am liebsten in dies_er_ alt_en_ Jeans.

5. Der da? Das ist der Uwe, der Junge mit d_em_ feuerrot_en_ Hemd und d_en_ blau_en_ Shorts.

6. Welch_e_ Schuhe gefallen dir am besten, diese weiß_en_ Schuhe oder diese schwarz_en_ Schuhe?

7. Wie heißt das Mädchen da drüben mit d_em_ blau_en_ Rock und d_er_ grau_en_ Jacke?

8. Wann hast du vor, dies_en_ bunt_en_ Anorak zu tragen?

9. Ich finde, dass dir dies_es_ Hemd einfach besser steht als d_as_ blau_e_ T-Shirt.

10. Angela trägt am liebsten dies_e_ bequem_en_ grau_en_ Turnschuhe.

2 Some German-speaking exchange students at your school are asking for your advice on what to wear to different events. Choose at least three items from the box to suggest to each student.

BEISPIEL   Sonja geht am Samstag in die Disko.
Ich schlage vor, dass du Jeans, ein fesches T-Shirt und eine Jeansweste anziehst.

| Krawatte | Shorts | Hemd | Turnschuhe | Shirt | Kleid | Anorak | Pulli | T-Shirt |
| Gürtel | Jeans | Blazer | Rock | | Jeansweste | Käppi | | Bluse |

Answers will vary. Possible answers:
1. Andreas geht am Freitag zu einem Baseballspiel.
   Ich schlage vor, dass du Shorts, ein T-Shirt, ein Käppi und Turnschuhe trägst.

2. Sandra geht Sonntagnachmittag ins Kino.
   Ich schlage vor, dass du einen Rock, eine schöne Bluse und einen Blazer trägst.

3. Der Jens geht am Samstagabend ins Theater.
   Ich schlage vor, dass du Jeans, einen Pulli und einen Anorak trägst.

3 Imagine you have € 175 to spend on clothing while on an exchange in Germany.

a. Use the advertisement on page 216 in your textbook to make a list of what you plan to buy.

Answers will vary. _____   _____

_____   _____

_____   _____

b. Explain briefly why you chose these items and tell where you plan to wear them.

Answers will vary. _____

_____

_____

_____

_____

_____

4 Complete the conversation below, which was overheard at a party, by filling in the blanks with words from the box.

Mode-Freak	**lässig**	**Jeansweste**	**geblümte Krawatte**	**modisch**
schwarze	**weißen Turnschuhen**	**karierte Hemd**	**scharf**	**Jeanshemd**

Answers may vary slightly.

UWE Siehst du, was der Roland trägt?

MAX Ja, der ist ein richtiger _____Mode-Freak_____ . Das _____schwarze_____

Outfit steht ihm gut.

UWE Und wie findest du die _____Jeansweste_____ von der Mara?

MAX Sieht total _____lässig_____ aus. Aber das _____karierte Hemd_____

passt irgendwie nicht dazu.

UWE Und guck mal, der Dietmar sieht _____scharf_____ aus. Die

_____geblümte Krawatte_____ und das _____Jeanshemd_____ sind wirklich

_____modisch_____ , findest du nicht?

MAX Ja, das passt echt gut zu den _____weißen Turnschuhen_____ .

5 Use the cues to write sentences expressing your opinion of each item.

BEISPIEL   weiß, Hemd
<u>Das weiße Hemd sieht toll aus.</u>

1.   gefüttert, Windjacke   **Answers will vary. Possible answers:**
Die gefütterte Windjacke sieht echt warm aus.

2.   bunt, Gürtel
Der bunte Gürtel gefällt mir.

3.   kariert, Blazer
Der karierte Blazer gefällt mir gar nicht. Er ist scheußlich!

4.   sportlich, Anorak
Der sportliche Anorak sieht lässig aus.

5.   rot, Käppi
Dieses rote Käppi passt dir gut.

6 Use the space provided to sketch an outfit you would like to have and make a list of the items you would need for the outfit.

Answers will vary.

_____

_____

_____

_____

7 Now write a short paragraph describing the outfit you would like to have.

Answers will vary.

_____

_____

_____

_____

_____

KAPITEL 8 Erste Stufe

■ Zweite Stufe

1 See how many clothing words you can spell by moving from letter to letter horizontally, vertically, or diagonally in the grid below. You can only use a particular letter once per word.

H	W	E	D	T
W	E	M	S	E
A	N	O	R	E
E	T	S	C	A
S	J	N	E	K

_____ **Socken**

_____ **Rock**

_____ **Anorak**

_____ **Jeans**

_____ **Hemd**

_____ **Weste**

2 Complete the puzzle with the opposites of the following words.

1. weit   <u>E</u> N <u>G</u>
2. lang   <u>K</u> U <u>R</u> <u>Z</u>
3. billig   <u>T</u> E <u>U</u> <u>E</u> <u>R</u>
4. klein   <u>G</u> R <u>O</u> <u>S</u> <u>S</u>
5. einfarbig   <u>B</u> <u>U</u> <u>N</u> T
6. hart   <u>W</u> E <u>I</u> <u>C</u> <u>H</u>
7. laut   L <u>E</u> <u>I</u> <u>S</u> <u>E</u>

3 Complete the following sentences by filling in the correct form of **sich interessieren**, including the reflexive pronoun, and then finish the sentence as appropriate.

1. Ich _____**interessiere mich**_____ für ____**answers will vary**____ .

2. Mein bester Freund _____**interessiert sich**_____ für _____**answers will vary**_____ .

3. Meine ganze Famile _____**interessiert sich**_____ für _____**answers will vary**_____ .

4. Meine Eltern _____**interessieren sich**_____ für _____**answers will vary**_____ .

5. Du _____**interessierst dich**_____ für _____**answers will vary**_____ , nicht wahr?

6. Im Fernsehen _____**interessieren**_____ wir ___**uns**___ eigentlich hauptsächlich für _____**answers will vary**_____ .

Holt German 2 Komm mit!, Chapter 8

4 What would you say to each of these people? Use the appropriate form of address.

BEISPIEL **Peter**   <u>Der Anorak passt dir überhaupt nicht! Er ist zu groß.</u>

Answers may vary slightly.

1. **Boris**   <u>Die Hose passt dir nicht. Sie ist zu kurz!</u>

2. **Herr Schmidt**   <u>Die Jacke passt Ihnen nicht. Sie ist zu groß!</u>

3. **Max**   <u>Die Hose passt dir nicht. Sie ist zu weit!</u>

4. **Ulrike**   <u>Die Bluse passt dir nicht. Sie ist zu eng!</u>

5. **Frau Friedl**   <u>Das Kleid passt Ihnen nicht! Es ist zu lang!</u>

KAPITEL 8 Zweite Stufe

5 How would you compliment the pictured people on the clothes they are wearing, and how might they respond?

1.   2.   3.   4.

1.   **Answers will vary.** _____

    _____

2. _____

    _____

3. _____

    _____

4. _____

6 Your German pen pal wants to find out a little bit more about your interests, as well as things you might not be interested in. How would you answer your pen pal's question: **Wofür interessierst du dich sehr und wofür nicht so sehr?**

> Lesen   Heavy-Metal Musik   Fremdsprachen   Tanzen   Theater   Politik   Sport
>   Wandern   Mode   Autos   Geschichte   Reisen

Answers will vary. _____

_____

_____

_____

_____

_____

◼ Dritte Stufe

1 Make compound nouns by combining words from each column. Write them in the space provided.

Träger		Pullover		**Trägertop/Trägerhemd**
Rollkragen		Rock		**Rollkragenpullover**
Mini		Jacke		**Minirock**
Steg		Hose		**Steghose**
Woll		Hemd		**Wollhemd**
Leder		Top		**Lederjacke**

2 Katrin is trying to clean out her closet, and Judith is trying to help. Draw a line from the comment or question on the left to the most logical response on the right.

Warum willst du denn diesen Minirock wegwerfen?

Kannst du mir die schwarze Steghose leihen für die Fete am Samstag?

An dieser Bluse fehlen zwei Knöpfe.

Und was ist mit diesem Trägerhemd?

Toller Anzug! Magst du ihn nicht mehr?

Klar, wenn sie dir passt!

Schade, die sieht echt fesch aus!

Der Reißverschluss ist kaputt.

Nein! Der ist aus Polyacryl, und deshalb mag ich ihn nicht.

Es ist aus Seide. Echt schön, aber es ist mir leider jetzt zu klein.

3 Roland and Boris are in a department store. What are they buying? Complete the following excerpts from the conversations that take place in the department store with the correct forms of the verb **sich kaufen** and the item given.

1. Blouson   BORIS   Roland, was _____**kaufst**_____ du _____**dir**_____ ?

                 ROLAND   Ich glaube, ich kaufe _____**mir den Blouson**_____ .

2. Shorts   ROLAND   Und was kaufst du _____**dir**_____ , Boris?

                 BORIS   Ich kaufe _____**mir Shorts**_____ für den Sportunterrrricht.

3. Turnschuhe   SABINE   Roland und Boris, was kauft ihr _____**euch**_____ hier?

                 ROLAND UND BORIS   Oh, hallo Sabine! Wir kaufen _____**uns Tennisschuhe**_____ .

4. CDs   BENJAMIN   Schau mal Ute, da sind Roland und Boris schon wieder. Was

                 kaufen sie _____**sich**_____ denn jetzt?

                 UTE   Sie kaufen _____**sich CDs**_____ .

4 Sandra and Katrin are thinking about going shopping this afternoon. Complete their conversation by filling in the blanks with **wenn** or **wann** as appropriate.

SANDRA   Ich brauch ein paar neue Klamotten. Kommst du mit ins Einkaufszentrum?

KATRIN   Ja, gern, aber _____**wann**_____ gehst du?

SANDRA   Ich möchte heute Nachmittag gehen, aber ich muss noch zu Hause helfen. Also,

              ich gehe erst, _____**wenn**_____ ich zu Hause fertig bin.

KATRIN   Meinst du, wir können früher gehen, _____**wenn**_____ ich dir zu Hause helfe?

SANDRA   Ja! Das wäre toll.

KATRIN   Also, gut. _____**Wann**_____ soll ich zu dir kommen?

SANDRA   Gleich nach dem Mittagessen, _____**wenn**_____ es dir recht ist.

KATRIN   Kein Problem. Bis dann!

SANDRA   Bis dann! Tschüs!

KAPITEL 8 Dritte Stufe

5 Complete the following sentences, using **wenn** and the information given.

1. Ich trage den Müll nicht raus.

   Meine Eltern schimpfen, __wenn ich den Müll nicht raustrage.__

2. Unsere Clique ist am Strand.

   Wir spielen immer Volleyball, __wenn unsere Clique am Strand ist.__

3. Wir gehen in die Konditorei Böhmer.

   Ich bestelle gern Schwarzwälder Kirschtorte, __wenn wir in die Konditorei Böhmer gehen.__

4. Wir spielen die Musik zu laut.

   Es gibt Krach bei uns im Haus, __wenn wir die Musik zu laut spielen.__

5. Meine Großeltern kommen zu Besuch.

   Die Steffi und ich müssen unser Zimmer aufräumen, __wenn meine Großeltern__
   __zu Besuch kommen.__

6 Complete each of the following statements.

1. Wenn ich zu einer Fete eingeladen bin, __Answers will vary. Possible answers:__
   __nehme ich immer etwas mit.__

2. __Es gibt Krach bei uns im Haus,__ _____,

   wenn ich eine schlechte Note in Mathe bekomme.

3. Wenn ich allein zu Hause bin,
   __spiele ich die Musik sehr laut.__

4. Wenn ich zum Geburtstag Geld bekomme,
   __kaufe ich mir etwas Besonderes.__

5. __Ich habe immer viel Spaß,__ _____,

   wenn ich mit meinen Freunden ins Kino gehe.

7 Answer the following question in a detailed paragraph.
   Was kaufst du dir, wenn du einen $1000 Gutschein von deinem Lieblingskaufhaus gewinnst?
   Answers will vary.

   _____

   _____

   _____

   _____

   _____

■ Zum Lesen

Wer ist der Affe im rosa Hemd?

Fünf Affen sitzen an einem Tisch. Sie heißen Pep, Pop, Pip, Lulu und Lily. Jeder Affe trägt ein Kleidungsstück. Einer trägt Jeans. Die anderen Affen tragen ein T-Shirt, ein Kleid, einen Pulli, ein Hemd. Alle Kleidungsstücke haben verschiedene Farben: rot, blau, grün, gelb und rosa. Wie heißt der Affe im rosa Hemd? Du bekommst sechs Tipps!

1. **Pop trägt immer Jeans.**
   Neben ihm sitzen ein Affe in Blau und Pip.
   Pip sitzt nicht auf Platz A.
2. **Ein Affe trägt ein T-Shirt. Pep sitzt zwei Plätze im Alphabet davor.**
3. **Lulu heißt der Affe auf Platz D.**
4. **Kein Affe am Ende des Tisches trägt den gelben Pulli.**
5. **Ein Affe in Grün sitzt zwei Plätze neben Lily.**
6. **Das Kleid ist nicht rot. Der Affe auf Platz E trägt kein Kleid.**

Lily auf Platz E ist der Affe im rosa Hemd.

Wohin in die Ferien?

■ Los geht's!

1 Katrin's friend, Ben, is asking her questions about her cancelled vacation. How is she most likely to respond to each of his questions?

BEN Wohin wolltet ihr fahren?
KATRIN   a. Die Fahrt ist ins Wasser gefallen.
        b. Wir wollten nach Stuttgart fahren.
        (c.) Wir wollten nach Mittersill in Tirol fahren.

BEN Warum könnt ihr nicht dorthin fahren?
KATRIN (a.) Wegen Hochwasser wurde eine Brücke gesperrt.
        b. Es gibt nur eine Straße nach Mittersill.
        c. Wir sitzen immer nur vor dem Fernseher!

BEN Warum nehmt ihr nicht einen anderen Weg?
KATRIN   a. Wir wollen nicht mit dem Zug fahren.
        b. Fliegen ist uns zu teuer.
        (c.) Der einzige Weg nach Mittersill führt über die kaputte Brücke.

BEN Warum fahrt ihr nicht an einen anderen Ort?
KATRIN   a. Ich mach lieber in Bietigheim Ferien und spiel hier Tourist.
        (b.) In anderen Orten bekommt man kein Zimmer mehr, weil alles schon reserviert ist.
        c. Meine Freunde wollen mit mir in Bietigheim spielen, und deswegen bleibe ich lieber hier!

■ Landeskunde

1 As you know, the vacation schedule for German schools is staggered. In addition, most **Bundesländer** have considerably more holidays than does the United States. For instance, in Nordrhein-Westfalen students and workers get time off for Carnival, Easter, and various other events. You have probably also heard that employees in Germany receive a minimum of 30 days of paid vacation each year, regardless of seniority. Imagine that you are an employee in Germany; weigh the benefits and disadvantages of so much time off. Consider the impact on yourself, your friends and family, your employers, and society as a whole.

Answers will vary.

_____

_____

_____

_____

_____

_____

_____

_____

2 Suppose the German holiday and vacation schedule model were to be implemented in the United States. What would change for you and your family?

Answers will vary.

_____

_____

_____

_____

_____

_____

_____

_____

_____

KAPITEL 9 Landeskunde

Name _____ Klasse _____ Datum _____

■ Erste Stufe

1 Think about the means of transportation you would use to reach each of the listed destinations. Mark the appropriate boxes.   **Answers will vary.**

	der Urlaub	das Konzert	das Museum	der See	der Tennisplatz	der Park

2 Based on your answers in Activity 1, write five sentences telling
which means of transportation you use to get to each destination.

■ an auf ins
■ zum in

BEISPIEL   <u>Ich fahre mit dem Fahrrad zum Museum.</u>

Answers will vary. Possible answers:

1. Ich fahre mit dem Fahrrad zum Tennisplatz. _____

2. Ich fahre mit der Bahn in den Urlaub. _____

3. Ich fliege mit dem Flugzeug in den Urlaub. _____

4. Ich fahre mit dem Boot auf den See. _____

5. Ich fahre mit dem Auto zum Konzert. _____

3 Karolin and Michael are discussing where to go on vacation. Complete their conversation by filling in each blank with the appropriate preposition.

> nach   ans   in
>   auf   an

MICHAEL   Fahren wir doch ____ans____ Mittelmeer!

KAROLIN   Nein, ich möchte lieber ____in____ die Vereinigten Staaten fliegen, vielleicht nach Miami?

MICHAEL   Nein, nicht ____nach____ Miami! Ich kann doch kein Englisch.

KAROLIN   Selber schuld! Dann bleib in Deutschland und fahr ____nach____ Bayern!

MICHAEL   Wieso machst du Witze? Du bist doch selber ____in____ die bayrischen Alpen gefahren ...

KAROLIN   Ja, ____auf____ die Zugspitze, aber einigen wir uns doch auf etwas.

MICHAEL   Ich will unbedingt ____ans____ Meer fahren!

KAROLIN   Also gut, wir fahren ____nach____ Griechenland!

4 You are at the train station in Munich trying to catch a train to Vienna. However, a train station employee, Herr Barsch, informs you that your train is late and nobody knows when it will arrive. Unscramble the fragments below to reconstruct the discussion.

H. BARSCH   große / eine / Verspätung / hat / dieser Zug / . /
Dieser Zug hat eine große Verspätung.
_____

DU   der Zug / in einer Stunde / ist / vielleicht / da / ? /
Ist der Zug vielleicht in einer Stunde da?
_____

H. BARSCH   / . / ich / das / nicht / glaube /
Das glaube ich nicht.
_____

DU   machen / ich / was / ? / soll / Schade! / bloß /
Schade! Was soll ich bloß machen?
_____

H. BARSCH   einen Film / , / Sie / . / ich / sich anschauen / schlage vor / im Bahnhofskino / an / dass /
Ich schlage vor, dass Sie sich einen Film im Bahnhofskino anschauen.
_____

5 Everybody wants to do something different! Use the cues provided to write sentences telling what these people suggest.

1. Paul: ins Kino / ich: in den Park   **Answers will vary. Posssible answers:**
Paul schlägt vor, dass wir ins Kino gehen, aber ich will in den Park gehen.

2. Ute: nach Frankreich / ihre Familie: zu Hause
Ute ist dafür, nach Frankreich zu fahren, aber ihre Familie ist dafür, zu Hause
zu bleiben.

3. Herr und Frau Heine: eine Pause machen / die Familie Heinrich: weiterspielen
Herr und Frau Heine schlagen vor, eine Pause zu machen, aber die Familie Heinrich
will weiterspielen.

6 You and your German pen pal are finally going to meet. In fact, you are going to go on an exotic vacation together. Write him or her a letter suggesting some place you would like to go and explaining the reasons why. Don't forget to ask for you pen pal's suggestions!

Answers will vary.

KAPITEL 9 Erste Stufe

■ Zweite Stufe

1 Some hotels offer many facilities to their guests. Use the following clues to fill in the crossword puzzle.

1. Man schwimmt in einem ___.
2. Man spielt Golf auf einem ___.
3. Man macht Gymnastik in einem ___.
4. Man spielt Tennis auf einem ___.
5. Im ___ guckt man sich Filme und andere Sendungen an.
6. Um sich zu sonnen, kann man am ___ am Meer liegen.
7. Freunde treffen sich in der ___ , wenn sie tanzen wollen.
8. Man darf nicht länger als fünfzehn Minuten in der ___ bleiben, sonst wird es einem zu heiß.
9. Das Wasser im ___ ist normalerweise ziemlich heiß, aber es tut einem gut nach der Gymnastik.
10. Man kann sich auf einer ___ ausstrecken und in der Sonne relaxen.

Crossword answers:
1. POOL
2. GOLFPLATZ
3. FITNESSRAUM
4. TENNISPLATZ
5. FERNSEHRAUM
6. SANDSTRAND
7. DISKOTHEK
8. SAUNA
9. WHIRLPOOL
10. LIEGEWIESE

2 a. Christian doesn't know where he wants to go on vacation, so he is asking Frau Beck, a travel agent, for ideas. Complete their conversation by filling in the appropriate definite articles.

der   den   die
dem   der   das

FRAU BECK   Guten Tag! Wie kann ich Ihnen behilflich sein?

CHRISTIAN   Ich möchte mit meiner Familie irgendwohin fahren. Was schlagen Sie vor?

FRAU BECK   Also, wenn Sie ins Ausland wollen, können Sie zum Beispiel in __die__ Vereinigten Staaten fliegen.

CHRISTIAN   Na ja, das wäre schön, aber in __den__ Vereinigten Staaten ist alles so teuer. Außerdem wollen wir vielleicht nicht ganz so weit weg.

FRAU BECK   Hm. Dann können Sie vielleicht in __die__ Schweiz fahren.

CHRISTIAN   Das klingt interessant. Was kann man alles in __der__ Schweiz machen? Da kann man auf __das__ Matterhorn steigen, nicht? **aufs**

FRAU BECK   Ja. Sie können in __die__ Berge fahren oder vielleicht auch an __den__ Bodensee. An __dem__ Bodensee ist sehr viel los. **am**

CHRISTIAN   Und was würden Sie vorschlagen, wenn wir doch in Deutschland bleiben wollen?

FRAU BECK   In Deutschland haben Sie auch recht viele Möglichkeiten. Sie können zum Beispiel in __den__ Schwarzwald fahren oder an __den__ Rhein.

CHRISTIAN   In ___dem___ Schwarzwald waren wir schon, aber an ___dem___ Rhein waren wir noch nicht. Das wäre eine gute Idee. Können Sie mir irgendwelche Reiseprospekte geben? **im/am**

FRAU BECK   Natürlich!

b. Many of the preposition and article combinations you used in the dialogue above are more commonly used as contractions. Go back through the dialogue and replace the preposition and article with a contraction wherever possible.

an + das = ans; an + dem = am; auf + das = aufs; in + das = ins; in + dem = im

3 Look at the three pictures below and answer the questions about them.

1.   A.   Wo ist Hans?

   ___in München___

   B.   Wohin fährt er?

   ___nach Hamburg___

2.   A.   Wo ist die Mutter?

   ___im Haus/zu Hause___

   B.   Wohin geht die Katja?

   ___in die Schule___

3.   A.   Wo sind Ute und Hans?

   ___auf dem Tennisplatz___

   B.   Wohin gehen sie?

   ___in den / zum Pool___

4 Annette and Andreas are thinking about going to the beach at Warnemünde in Mecklenburg-Vorpommern. While Andreas is very positive about the trip, Annette has some doubts. Complete their conversation by filling in the blanks with appropriate expressions. **Answers may vary slightly.**

ANNETTE ___Ich weiß nicht, ob___ es in Warnemünde eine Möglichkeit gibt, Golf zu spielen.

ANDREAS ___Ich bin sicher, dass___ wir eine Möglichkeit finden werden, auch wenn wir am Strand spielen müssen!

ANNETTE ___Ich bezweifle, dass___ wir dort segeln, tauchen und angeln können.

ANDREAS ___Du kannst mir glauben, dass___ wir dort jede Art Wassersport treiben können.

ANNETTE ___Ich bin nicht sicher, dass___ wir dort eine gute Diskothek finden werden.

ANDREAS ___Ich bin sicher, dass___ wir eine tolle Diskothek finden.

5 You have just won a free three-day vacation at a resort on the beach. In order to make the most of the facilities, you need to plan ahead. Use the chart below to plan what you will do each day. **Answers will vary.**

	Freitag	Samstag	Sonntag
am Morgen			
am Nachmittag			
am Abend			

6 Now imagine you have taken your free trip. Use the plan you made in Activity 5 as the basis for a letter telling your German pen pal all about your vacation.

Answers will vary.

_____

_____

_____

_____

_____

_____

_____

_____

_____

_____

KAPITEL 9 Zweite Stufe

■ Dritte Stufe

1 Write the words that are opposite or nearly opposite in meaning.

vor	in/aus	rechts
in	vor/nach	gegenüber
links	links/rechts	neben
zwischen	zwischen/neben	nach
bei	bei/gegenüber	aus

2 Jens was sightseeing in Bietigheim all day and he wrote the following entry in his journal. Complete his description by filling in the appropriate prepositions. Use preposition + article contractions when possible. You will need to look at the map of Bietigheim on page 252 of your textbook.

Tagebucheintragung, Donnerstag den 15. August

Heute Nachmittag habe ich einen Spaziergang durch Bietigheim gemacht. Zuerst bin ich ___vom___ Schwätzgässle ___zum___ Kleinen Bürgerhaus gegangen. ___Gegenüber___ dem Kleinen Bürgerhaus kann man die Evangelische Stadtkirche sehen. Ich bin dann gleich ___um___ die Ecke gegangen und ___in___ die Pfarrstraße eingebogen, denn von dort hat man einen tollen Blick auf das Hormoldhaus. Ich bin allerdings nicht ___zum___ Hormoldhaus gegangen, weil ich eigentlich ___zum___ Marktplatz wollte. Also bin ich links an der Kirche vorbeigegangen und war dann auch gleich ___auf___ dem Marktplatz. ___Am/Beim___ Marktbrunnen habe ich mich ___auf___ eine Bank gesetzt und habe ein paar japanische Touristen beobachtet, die ___vor___ dem Rathaus standen. Eine nette alte Dame kam auf mich zu und hat gefragt, ob sie sich ___neben___ mich setzen darf. Wir haben uns eine Weile unterhalten. Danach wollte ich noch die Metter sehen. Die Metter ist ein kleiner Fluss, der ___durch___ Bietigheim fließt. Also bin ich ___in___ die Hauptstraße eingebogen. Von dort sieht man schon die Brücke ___über___ der Metter. Tja, dann musste ich wieder ___zum___ Hotel gehen und mich dort mit meinen Eltern treffen, denn wir wollten zusammen essen gehen.

KAPITEL 9 Dritte Stufe

3 Claudia had a lot to do this afternoon. Follow her route around town and describe where she went and what she did at each place she stopped.

> **Geschenk aussuchen**
> **Reiseprospekt holen**   **Briefmarken kaufen**   **Kaffee trinken**   **Kuchen kaufen**   **Geld wechseln**

Reisebüro → Geschenkladen → Post → Bank → Bäcker → Café

Claudia ist zuerst ins Reisebüro gegangen. Im Reisebüro hat sie Reiseprospekte geholt. _____
Dann ist sie in einen Geschenkladen gegangen. Im Geschenkladen hat sie ein Geschenk
ausgesucht. Dann ist sie zur Post gegangen. In der (Auf der) Post hat sie Briefmarken
gekauft. Dann ist sie zur Bank gegangen. In der (Auf der) Bank hat sie Geld gewechselt.
Dann ist sie zum Bäcker gegangen. Beim Bäcker hat sie einen Kuchen gekauft. Zuletzt ist
sie ins Café gegangen. Im Café hat sie Kaffee getrunken.

_____

_____

_____

_____

4 Your friend has given you directions around Bietigheim. Trace them on the map of Bietigheim on page 252 of your textbook and see where you end up.

1. Vom Parkplatz nimmst du die Holzgartenstraße und gehst über die Brücke zur Hauptstraße. Auf der Hauptstraße biegst du links ab und gehst durch das Stadttor zum Marktplatz. Vorsicht! Das Stadttor ist eng! Auf dem Marktplatz gehst du vom Marktbrunnen aus nach rechts. Da ist sie, an der Ecke der Schieringsbrunnerstraße.

   Was ist da? **die Evangelische Stadtkirche**

2. Vom Bürgerhaus gehst du die Schieringsbrunnerstraße in Richtung Kirche. Am Marktbrunnen biegst du dann links auf die Hauptstraße ab. Du gehst dann geradeaus, bis du zum Stadttor kommst. Geh durch das Tor, und nimm die erste Straße rechts. Du gehst am Fluss vorbei und biegst dann rechts ab.

   Was ist da? **Parkplatz**

3. Vom Stadttor ist der Weg über die Hauptstraße nicht zu empfehlen, da der Verkehr zu dicht und laut ist. Bieg also von der Hauptstraße in die Fräuleinstraße rechts ab. An der dritten Straße biegst du dann links ab, gehst zum Bürgerhaus und gehst von diesem aus links auf den Marktplatz zu. Vor der Kirche biegst du in Richtung Hormoldhaus auf der Pfarrstraße ab. Geh bis zum Ende dieser Straße, und da siehst du es auf der rechten Seite.

   Was ist da? **Bietigheimer Schloss**

5 Use the map of Bietigheim on page 252 of your textbook to write directions between each pair of locations given below.

1. Rathaus / Stadttor   **Answers will vary. Possible answers:**
   Vom Rathaus zum Marktbrunnen. Geradeaus weiter zum Stadttor.

2. Parkplatz / Evangelische Stadtkirche
   Von der Holzgartenstraße über die Brücke zum Stadttor. Links auf die Hauptstraße
   abbiegen und bis zum Marktplatz gehen. Auf dem Marktplatz kann man rechts
   schon die Kirche sehen.

3. Marktbrunnen / Posthalterei
   Vom Marktbrunnen geht man auf die Stadtkirche zu. Rechts an dieser Kirche vorbei
   geht man auf die Schieringsbrunnerstraße und biegt die erste Straße rechts ab. Die
   Posthalterei ist am Ende dieser Straße auf der linken Seite.

6 Your school is hosting exchange students from Liechtenstein. They are planning on taking a scenic tour of your hometown this weekend, and they have asked you to help prepare an itinerary for them. Write down detailed directions describing how to get from your school to the scenic part of town.

Answers will vary.

■ Zum Lesen

1 Think of things you like to do when spring arrives. Are there special places or foods that you associate with spring? Make a list.

Answers will vary.
_____

_____

2 Read the text and then answer the questions that follow.

Die „Neue Eiszeit" hat begonnen!

Endlich! Den Winter haben wir hinter uns gebracht. Vorbei die kurzen grauen Tage. Das Frühjahr ist gekommen, und damit ist die gute Laune zurückgekehrt. Jetzt hält uns nichts mehr in den eigenen vier Wänden vor dem Fernseher. Wir gehen hinaus in die Parks, machen Ausflüge, gehen in Straßencafés und Restaurants mit Außenterrasse.

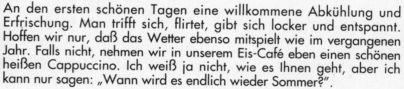

Ein attraktives Ausflugsziel im näheren Umfeld ist zum Beispiel die Stadt Glückstadt. Hier am Marktplatz bieten fast alle Restaurants, auch das Hotel Raumann, Sitzplätze an frischer Luft an. Außerdem ist das schöne Stadtbild immer wieder einen Ausflug wert.

Eine kleine Erholung vom Alltag ist aber auch ein Besuch in einem nahegelegenen Eis-Café. Hier in Elmshorn gleich das „Bella Italia" oder in Quickborn das „La Veneziana".

An den ersten schönen Tagen eine willkommene Abkühlung und Erfrischung. Man trifft sich, flirtet, gibt sich locker und entspannt. Hoffen wir nur, daß das Wetter ebenso mitspielt wie im vergangenen Jahr. Falls nicht, nehmen wir in unserem Eis-Café eben einen schönen heißen Cappuccino. Ich weiß ja nicht, wie es Ihnen geht, aber ich kann nur sagen: „Wann wird es endlich wieder Sommer?".

"Die 'Neue Eiszeit' hat begonnen!" from *Kreis Pinneberg Führer*. Reprinted by permission of **RASTA-Verlag**.

3 What are the author's feelings toward spring and summer activities? List the adjectives and expressions that show what those feelings are.

He or she thinks fondly of them; gute Laune, attraktiv, frische Luft, schönes Stadtbild,

Erholung, schöne Tage, willkommene Abkühlung und Erfrischung, locker und entspannt

4 What alternative does the article suggest in case of bad weather? How was the weather at the time the article was written? What in the text tells you that?

Still getting out of the house, but having a nice hot cappuccino instead of ice cream; the

weather was bad: „Wann wird es endlich wieder Sommer?"

5 What is the only wintertime activity the article mentions? Is there such an enormous difference between winter and spring or summer activities where you live? Why or why not?

Watching TV; answers will vary.
_____

_____

KAPITEL 10

Viele Interessen!

■ Los geht's!

1 Use the words from the **Los geht's!** section in the petals of the flower to create an original short story. Start at any petal and include all the words in your story.

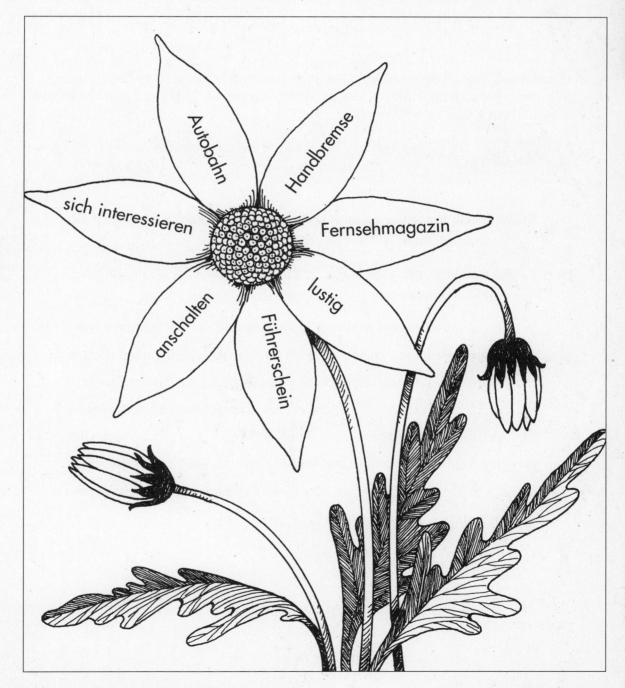

Autobahn

Handbremse

sich interessieren

Fernsehmagazin

anschalten

lustig

Führerschein

■ Erste Stufe

1 Choose the best category for each of the following TV programs.

___b___ 1. Europa heute: Demokratie für alle   **a.** Natursendung

___d___ 2. Fußball: Werder Bremen gegen Bayern München   **b.** Politiksendung

___e___ 3. Spielen wir mal ums Geld?   **c.** Nachrichten

___c___ 4. Deutschland in 30 Minuten   **d.** Sportübertragung

___a___ 5. Die Giraffenwelt   **e.** Ratesendung

2 After a long day of sightseeing in Berlin, you turn on the TV at the youth hostel. A person announces what the station will air during the evening. Fill in the blanks to complete the program report.

> **Kriminalfilm**   **Nachrichten**   **Sportübertragung**   **Wetterbericht**   **Lustspiel**

Guten Abend, meine Damen und Herren! Um 19 Uhr sehen Sie zunächst die

_____**Nachrichten**_____ . Die Tagesschau ist heute 15 Minuten länger,

da wir über die Bundestagswahlen berichten. Im Anschluss daran sehen Sie

den _____**Wetterbericht**_____ , und eines kann ich jetzt schon vorweg-

nehmen, am Wochenende wird es heiter und wolkig, die Temperaturen wer-

den Sie angenehm überraschen. Aber zurück zum Abendprogramm. Um

19.45 wird es spannend: Inspector Reed Rosas stellt einen Kriminellen im

_____**Kriminalfilm**_____ „Achtung Schleudergefahr!" Danach können

Sie sich um 21 Uhr an dem _____**Lustspiel**_____ „So 'ne Komödie"

erheitern. Und zum Abschluss des Abendprogramms um 22 Uhr senden wir

die _____**Sportübertragung**_____ des Footballspiels Dallas Cowboys gegen

die San Francisco 49ers.

3 You are riding a streetcar in Munich when you overhear two people discussing their television interests. Complete their discussion by filling in the appropriate prepositions.

für   auf
über

JULIANE   Ja, die Fernsehprogramme bieten bessere Sendungen an, seitdem es mehrere Sender gibt. Wofür interessierst du dich denn?

EVELYN   Nun, meine Freunde interessieren sich hauptsächlich ___für___ Politiksendungen und ___für___ Problemfilme. Obwohl ich mir diese Sendungen auch anschaue, freue ich mich mehr ___auf___ Sendungen, die einfach nur unterhaltend sind.

JULIANE   Genau wie ich! Ich interessiere mich besonders ___für___ Ratesendungen.

EVELYN   Du auch? Den Leuten, die sich nur ___für___ Politik interessieren, sage ich, dass sie langweilig sind. Sie sollen sich auch mal Sportsendungen anschauen, zum Beispiel!

JULIANE   Ich sage diesen Leuten immer, dass sie sich mehr ___für___ Werbung interessieren sollen, weil das mehr ___über___ Menschen aussagt als Politiksendungen!

EVELYN   Übrigens, hast du schon das neue Waschmittel probiert?

4 Eva, a German exchange student, and Sandy, her host, are trying to decide what to do this afternoon. Complete their conversation by unscrambling Eva's sentences.

SANDY   Der Wetterbericht sagt, dass es heute Nachmittag regnet. Also, aus unserm Picknick wird nichts. Wir können aber Fernsehen schauen.

EVA   Programme / für / geben / Was / es / heute / ?
Was für Programme gibt es heute?

SANDY   Es gibt alle möglichen Programme. Wofür interessierst du dich überhaupt?

EVA   Politiksendungen / mich / ich / für / interessieren / . /
Ich interessiere mich für Politiksendungen.

SANDY   Furchtbar! Wie langweilig! Möchtest du nicht lieber einen spannenden Kriminalfilm sehen?

EVA   nicht / ich / dafür / mich / überhaupt / interessiere / . /
Dafür interessiere ich mich überhaupt nicht.

SANDY   Schauen wir mal nach, was es sonst noch gibt! Magst du Talkshows? Heute in „Oprah" sprechen sie über Leute, die keine Entscheidungen treffen können.

EVA   dafür / ich / schon / mich / interessiere / , / ich / aber / lieber / sehen / etwas Lustiges / möchte / . /
Dafür interessiere ich mich schon, aber ich möchte lieber etwas Lustiges sehen.

SANDY   Prima! Heute läuft „Die Simpsons", meine Lieblingssendung. Schauen wir uns doch „Die Simpsons" an!

EVA   Toll! / freue / darauf / mich / ich / . /

Toll! Ich freue mich darauf.

5 Are you interested in the following? Why or why not?

Interessierst du dich für ...

BEISPIEL   den Wetterbericht?
   Ich interessiere mich für den Wetterbericht, weil ich gern draußen bin.

1. Ratesendungen?   **Answers will vary. Possible answers:**
   Ich interessiere mich für Ratesendungen, weil ich gern Geld gewinnen würde!

2. Natursendungen?
   Ich interessiere mich für Natursendungen, weil ich Tiere liebe.

3. Kriminalfilme?
   Ich interessiere mich für Kriminalfilme, weil sie spannend sind.

4. die Nachrichten?
   Ich interessiere mich für die Nachrichten, denn ich finde es wichtig, informiert zu sein.

5. Sportsendungen?
   Ich interessiere mich für Sportsendungen, weil ich ein Sportfreund bin.

6 You just heard a TV star explain why she thinks people should watch **Natursendungen**. You disagree. Write her a letter telling her what type of shows you think people should watch. Here's what the star said:

   Also, ich glaube, dass man sich hauptsächlich für Natursendungen interessieren sollte. Natursendungen zeigen uns, was die Tiere, die Pflanzen, das Wasser und die Luft brauchen, damit die Umwelt gesund ist. Alle Leute sollten viel mehr über die Natur wissen, damit sie ein schönes Leben haben.

Answers will vary.

_____

_____

_____

_____

_____

_____

_____

■ Landeskunde

1 You have learned that German teenagers enjoy a variety of sport activities that are also popular in the United States, such as in-line skating and mountain biking. Name a typical German sport that is not quite as popular in the United States.

soccer _____

2 Based on what you know about getting a driver's license in Germany and the United States (See **Ein wenig Landeskunde** on page 288 in your textbook), write down three major requirements that are different in Germany.

You have to be 18 years old; a minimum of 20 driving lessons and 10 theoretical lessons

is required; you need a lot of money, because the average cost of getting a license is

tremendously high (approx. 1,500 euros).

_____

_____

_____

_____

_____

_____

_____

3 You are on vacation in Germany, staying with a host family that lives in downtown Munich. You would like to explore the Bavarian countryside, and so you ask your hosts if you could borrow their car. Why do you think your hosts refuse your request?

Because you are not yet 18 years old and because of other complications related to

insurance.

_____

_____

_____

_____

_____

_____

■ Zum Lesen

1 You have probably seen a few American cars from the 1960s and 1970s. How were those cars different from the new generation of American cars? Why do you think such an evolution took place?

Answers will vary. Example: Cars used to be bigger and heavier, with a lot of chrome; today's cars tend to be smaller and include parts made of lighter materials; smaller cars save energy and cause less air pollution.

2 Read the following article and answer the questions.

Ein umweltfreundlicheres Auto?

In der Vergangenheit waren große Autos sehr beliebt. Heute suchen Industrie, Verbraucher und das Umweltministerium nach neuen Konzepten. So fand zum Beispiel ein Versuchsauto, Vision A, auf der Frankfurter Automobilschau großes Interesse.

Das Design des Autos stammt von der Firma Mercedes. Es ist nur 3,5 Meter lang, verbraucht weniger Energie als ein heutiger Kleinwagen und ist sehr umweltfreundlich. Es gibt aber noch einen großen Unterschied: Der kleine Mercedeswagen hat viel mehr Komfort als ein derzeitiges Auto der gleichen Größe, wie etwa ein Yugo. Natürlich gibt es für diesen Mercedes auch einen Elektromotor. Weil dieser Wagen so viel Interesse fand, hat die Firma BMW ihrerseits ein ähnliches Auto angekündigt.

3 Where can you buy the car described in the article? Is it the only one of its kind?

You cannot buy it yet: it is a prototype; no, another German automaker has announced a similar model.

4 What are the two main advantages of this model? What optional equipment will be available?

Its fuel consumption is half of that of a small car, and it is environmentally friendly; an electrical engine.

5 What is the biggest difference between this car and present models of the same size?

It is much more comfortable.

6 Do you think this car would appeal to you? Why or why not?

Answers will vary.

■ Zweite Stufe

1 Use the following clues to fill in the crossword puzzle. Note: In this puzzle **ä, ö,** and **ü** are spelled **ae, oe,** and **ue.**

1. Mit einem ____ kann man sich Sendungen in Farbe anschauen.
2. Leider hat mein Videowagen nur ein ____ für meine Videocassetten.
3. Ich muss nicht aufstehen, um den Fernseher anzumachen, denn ich habe eine ____.
4. Man braucht eine ____ auf dem Dach, um das Bild im Fernseher schärfer zu machen.
5. Heute Abend will ich das Fußballspiel aufnehmen. Hoffentlich habe ich noch eine leere ____.
6. Ich habe einen neuen ____. Jetzt muss ich meinen Videorecorder nicht mehr auf den Boden stellen.
7. Peter setzt sich einen ____ auf, weil die Musik seinem Vater zu laut ist.

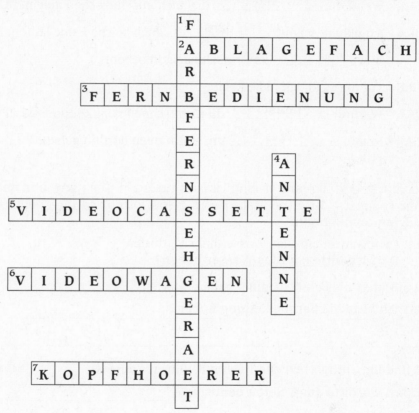

2 You are sitting in your host family's garden. The neighbors, the Krause family, are having a garden party to celebrate their grandmother's birthday. Complete the excerpts of their conversation with the correct forms of the verb **lassen.**

1. Susanne, _____**lass**_____ mich mal die Erdbeertorte probieren!

2. Volker, _____**lässt**_____ du mich nachher mal mit deinem Mofa fahren?

3. Unsere Nachbarn _____**lassen**_____ ihren Hund den ganzen Tag allein.

4. Ich _____**lasse**_____ mir von Omi das Rezept für den Apfelstrudel geben.

5. Kinder, _____**lasst**_____ euch den Kuchen schmecken!

3 Holger and Angelika want to find out what's on TV. Complete their conversation with the correct words from the box. Be sure to use the correct forms of the verbs.

mal   laufen   dass   lassen   ob

HOLGER   Was _____**läuft**_____ denn heute Abend im Fernsehen?

ANGELIKA   Nichts Besonderes! Aber am Donnerstag _____**laufen**_____ meistens tolle Filme auf PRO-7.

HOLGER   Weißt du, _____**ob**_____ die auch ausländische Filme mit Untertiteln zeigen?

ANGELIKA   Ich glaube schon, _____**dass**_____ auch solche Filme laufen. Lass mich doch _____**mal**_____ ins Fernsehmagazin sehen!

HOLGER   Tut mir Leid. Ich habe keins.

ANGELIKA   Warum _____**läufst**_____ du nicht schnell zum Zeitungsstand und holst eins?

HOLGER   Komm, _____**lass**_____ uns zusammen dorthin gehen!

4 You and your friend Jim are visiting Ulrike's house in Germany, and each of you has a few requests. Turn the statements below into polite questions using the verbs **dürfen** and **können**.

BEISPIEL   Du möchtest ein Glas Wasser haben. (dürfen)
Darf ich bitte ein Glas Wasser haben?

1. Du möchtest die Fernbedienung haben. (dürfen)
Darf ich bitte die Fernbedienung haben?

2. Du und Jim, ihr möchtet das Telefon benutzen. (dürfen)
Dürfen wir bitte das Telefon benutzen?

3. Du möchtest Ulrikes Fotoalbum anschauen. (können)
Kann ich bitte dein Fotoalbum anschauen?

4. Du und Jim, ihr möchtet euch ein Butterbrot machen. (können)
Können wir uns ein Butterbrot machen?

Holt German 2 Komm mit!, Chapter 10

5 Your German pen pal is very interested in American TV and has asked you questions about what kinds of TV shows one can see during the week and on weekends. Using the words in the boxes, write your pen pal a brief note describing what kinds of shows are available and when and how often they run.

Sportsendungen
Werbesendungen
Natursendungen
der Wetterbericht
Spielshows
Talkshows Filme
Familiensendungen

laufen
läuft

meistens
(fast) immer
oft kaum
regelmäßig
manchmal
sehr oft

nur am Wochenende
abends morgens
dienstags
samstags
freitags montags

Answers will vary. Possible answers:

Im amerikanischen Fernsehen laufen diese Woche viele Talkshows. Täglich laufen der Wetterbericht und Familiensendungen jeglicher Art. Am Wochenende und abends laufen regelmäßig Sportsendungen. Im Herbst läuft montags immer amerikanischer Fußball. Morgens sieht man Filme, fast immer alte Filme, und abends laufen neue Filme. Freitags laufen Spielshows. Werbesendungen laufen fast immer! Man kann kaum ein Programm anschauen, ohne viele Werbesendungen zu sehen.

6 You are an American exchange student living in Germany and have been asked to write an article for the local newspaper describing the role of television in the life of the average young person in the United States. Give any statistics you can in the article (percentages of young people who watch certain kinds of shows, etc.), and then discuss what you find good about television and what you dislike.

Answers will vary.

■ Dritte Stufe

1 Label the parts of the car.

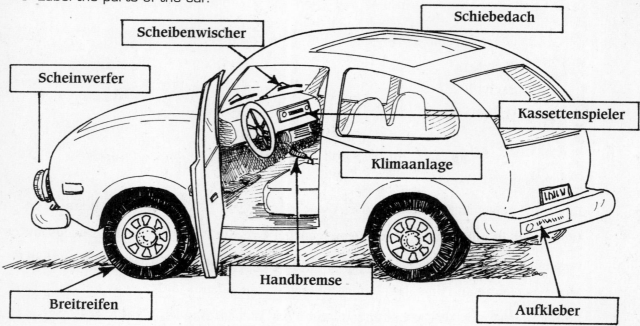

Scheibenwischer

Schiebedach

Scheinwerfer

Kassettenspieler

Klimaanlage

Handbremse

Breitreifen

Aufkleber

2 You are trying to decide which car to buy. Complete the statements about the two cars below by filling in the correct forms of **ein, kein,** or **viel**.

BEISPIEL   Das neue Auto hat <u>ein</u> Schiebedach, aber der Gebrauchtwagen hat <u>keins</u>.

1. Das neue Auto hat _____<u>eine</u>_____ Klimaanlage, aber der Gebrauchtwagen hat _____<u>keine</u>_____.

2. Das neue Auto hat _____<u>eine</u>_____ Servolenkung, aber der Gebrauchtwagen hat _____<u>keine</u>_____.

3. Das neue Auto hat _____<u>keine</u>_____ Aufkleber, aber der Gebrauchtwagen hat _____<u>viele</u>_____.

4. Das neue Auto hat _____<u>einen</u>_____ Kassettenspieler, aber der Gebrauchtwagen hat _____<u>keinen</u>_____.

5. Das neue Auto hat _____<u>eine</u>_____ Alarmanlage, aber der Gebrauchtwagen braucht _____<u>keine</u>_____.

3 Fill in the blanks with the correct forms of **werden**.

1. Mein nächstes Auto _____wird_____ ein Schiebedach haben.
2. Ich _____werde_____ mir auch Breitreifen aufmontieren lassen.
3. _____Wirst_____ du dir als Extra einen CD-Spieler einbauen lassen?
4. Wir _____werden_____ auch schöne Rallyestreifen und Aufkleber an unser Auto machen.
5. Welches Auto _____werdet_____ ihr euch kaufen?

4 How would you respond if someone told you the following things? Choose an appropriate expresssion from the box to reply to each of the situations below.

> **Das ist ja unglaublich!**   **Das finde ich nicht.**   **Das stimmt nicht!**
> **Da stimm ich dir zu!**   **Einverstanden!**   **Das gibt's doch nicht!**
> **Das ist nicht möglich!**   **Da hast du Recht!**

1. A friend tells you she has won $10,000,000.00 in a sweepstakes.
   Das ist ja unglaublich! or **Das ist nicht möglich!** or **Das gibt's doch nicht!**

2. A friend suggests that you go see a movie tonight, and you think it's a good idea.
   Einverstanden!

3. Someone you know says that Russian cars are nicer than American cars.
   Das finde ich nicht. or **Das stimmt nicht!**

4. One of your friends says that world hunger should not exist.
   Da stimm ich dir zu! or **Da hast du Recht!**

5 Write five sentences telling about items you don't have right now but believe you will have in the future.

> **Führerschein**   **Auto**   **Haus**   **Fernsehgerät**   **Motorrad**   **Boot**

BEISPIEL   <u>Ich habe keinen Wagen, aber in ein paar Jahren werde ich mir einen tollen Wagen kaufen.</u>   **Answers will vary. Possible answers:**

1. Ich habe keinen Führerschein, aber bald werde ich ihn machen.
2. Ich habe kein Auto, aber in drei Jahren werde ich mir ein tolles Auto kaufen.
3. Ich habe kein Haus, aber in fünf Jahren werde ich mir ein schönes Haus kaufen.
4. Ich habe kein Fernsehgerät, aber nächste Woche werde ich mir ein Farbfernsehgerät kaufen.
5. Ich habe kein Motorrad, aber wenn meine Mutter zustimmt, werde ich mir ein Motorrad kaufen.

6 Answer the following questions in complete sentences.

Was wirst du ...

1. heute Abend machen?   **Answers will vary. Possible answers:**
   Heute Abend werde ich ins Kino gehen.

2. am Wochenende machen?
   Am Wochenende werde ich Tennis spielen.

3. nächste Woche machen?
   Nächste Woche werde ich leider viel lernen müssen.

4. im kommenden Sommer machen?
   Im kommenden Sommer werde ich einen Job suchen.

5. nächstes Jahr machen?
   Nächstes Jahr werde ich das Abitur machen.

7 Imagine your life about 20 years from now. Where will you live? What kind of job will you have? What car will you drive? Will you have children? Write a short paragraph describing your life 20 years from now in the year 20??.

Answers will vary.

_____

_____

_____

_____

_____

_____

_____

_____

_____

_____

_____

_____

_____

_____

KAPITEL 11 · Mit Oma ins Restaurant

■ Los geht's!

1 Arnold wants to go out to dinner with his friend, Inge, to celebrate her birthday. Read the conversations below and match each one with the appropriate picture.

a.

ARNOLD   Ja, hier ist Hammerschmidt. Ich möchte einen Tisch bestellen.

BEDIENUNG   Für wie viel Uhr und für wie viele Personen?

ARNOLD   Für acht Uhr. Wir sind zwei Personen. Vielen Dank!

b.

ARNOLD   Also, jetzt trinken wir auf dein Wohl, Inge. Alles Gute!

INGE   Zum Wohl!

ARNOLD   Prost!

c.

BEDIENUNG   Haben Sie schon gewählt?

INGE   Ja, ich hätte gern das Wiener Schnitzel mit Bratkartoffeln und einen kleinen gemischten Salat, bitte!

ARNOLD   Ich nehme auch das Schnitzel, aber mit Pommes und auch einen Salat.

b

a

c

■ Landeskunde

1 In their interview on page 303 of your textbook, Herr and Frau Heine mentioned that they had to travel up to one-and-a-half hours to get to a city big enough for concerts or theater productions. Do you think Americans in small towns travel such distances for cultural events? Which events? Describe an event you attended for which you had to travel a long way. Describe when and where it was, and why it was important enough to travel so far.

Answers will vary.

_____

_____

_____

_____

_____

2 Based on what you've read about cultural events in the German-speaking countries, which ones do you think are most important to the people in these countries? Are these same types of events important to Americans? What factors, such as age, size of city, or government support, might play a role in the activities people choose?

Answers will vary.

_____

_____

_____

_____

_____

3 List the activities you think are most popular among Germans of these different age groups. Then circle the ones you most enjoy.

TEENAGERS	UNIVERSITY STUDENTS	ADULTS
Answers will vary.		

Holt German 2 Komm mit!, Chapter 11

■ Erste Stufe

1 Ulrike and Otto had a wonderful time touring the city of Berlin. Below are some of the pictures they took. Describe where they must have gone or what they must have done to get each of the pictures.

1.   2.   3.   4.   5.

1. **Sie haben einen Busausflug / eine Stadtrundfahrt gemacht.** _____

2. **Sie sind in die Oper gegangen.** _____

3. **Sie haben ein Ballett gesehen.** _____

4. **Sie haben ein Symphoniekonzert gehört.** _____

5. **Sie sind in den Zoo gegangen.** _____

2 Complete the puzzle with the appropriate words for cultural events in the city.

1. All die kulturellen Sachen zusammen, die eine Stadt anzubieten hat.

2. Wo man Tänzer sehen und Singer hören kann.

3. Shakespeares „Julius Caesar", „Macbeth", und „Hamlet" sind bekannte ___.

4. Was man macht, wenn man durch die Stadt fährt, um sich die Sehenswürdigkeiten anzusehen.

5. Ein Boot, auf dem Touristen eine kurze Rundfahrt machen, nennt man ein ___.

6. Eine kurze Reise durchs Land mit einer großen Gruppe nennt man ___.

7. Ein anderes Wort für Zoo ist ___.

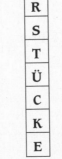

1.	2. K		3.						4.	5.		6.	7.
K	**U**	**L**	**T**	**U**	**R**	**E**	**L**	**L**	**E**	**S**	**A**	**N**	**G**	**E**	**B**	**O**	**T**

Down clues letters:

2. K A B A R E T T

3. H E A T E R S T Ü C K E

4. S T A D T R U N D F A H R T

5. A U S F L U G S S C H I F F

6. B U S A U S F L U G

7. T I E R G A R T E N

3 You and your sister, Bettina, are preparing for a short trip to visit some friends, but she is having a difficult time deciding what to take and what to do. She asks for suggestions and you give her those listed in parentheses. **Answers may vary slightly.**

BEISPIEL   BETTINA Was soll ich mitbringen? (einen warmen, dicken Mantel)
     DU __Ich schlage vor, dass du einen warmen, dicken Mantel mitbringst.__

1. BETTINA Sollen wir mit dem Zug oder mit dem Bus fahren? (mit dem Zug)
   DU **Ich bin dafür, dass wir mit dem Zug fahren.**

2. BETTINA Was sollen wir mit unseren Freunden unternehmen? (sich die Altstadt ansehen)
   DU **Ich bin dafür, dass wir uns die Altstadt ansehen.**

3. BETTINA Was soll ich unseren Freunden mitbringen? (Blumenstrauß)
   DU **Ich schlage vor, dass du ihnen einen Blumenstrauß mitbringst.**

4. BETTINA Wie lange möchtest du am liebsten dableiben? (vier Tage)
   DU **Ich möchte am liebsten vier Tage dableiben.**

5. BETTINA Wie viel Geld soll ich mitbringen? Zwanzig Euro? (mindestens hundert Euro)
   DU **Ich schlage vor, dass du mindestens hundert Euro mitbringst.**

4 Look at the pictures below and decide what these people would like to do. Use the correct forms of **würden**. For #4, fill in the box with a picture of yourself.

BEISPIEL
Sie würde gern nach Amerika reisen.

1.
Sie würden sich gern ein Haus kaufen.

2.
Sie würde gern ein Eis essen.

3.
Er würde gern das Auto fahren.

4.
Answers will vary.

KAPITEL 11 Erste Stufe

5 **Wunschträume** Now that you've seen what so many other people would like to do, think about what you would like to do! Imagine you won 3,000,000 €. What would you buy? Would you travel? Where would you go? Who would you take along?

Answers will vary. _____

_____

_____

_____

_____

6 Using the events calendar on p. 304 in your textbook as a model, create an events calendar for your town or a city near you. Then answer the questions below.

	Konzerte	**Oper**	**Theater**	**Ballett**
23. Do	_____	_____	_____	_____
24. Fr	_____	_____	_____	_____
25. Sa	_____	_____	_____	_____
26. So	_____	_____	_____	_____

1. Was kann man Montagabend um sieben Uhr machen?

   Answers will vary. _____

2. Wie viele Konzerte gibt es diese Woche?

   _____

3. Was möchtest du am liebsten machen?

   _____

7 Pretend you write a newspaper column critiquing cultural events for your area. Select one of the events from the calendar you just created to recommend to your readers in your column. Pick another one which you would not recommend. Be sure to provide reasons for your recommendations!

_____   _____

Answers will vary. _____   _____

_____   _____

_____   _____

_____   _____

_____   _____

◼ Zweite Stufe

1 What adjectives do you use in German to describe things from these parts of the world?

Ägypten _____ **ägyptisch** _____ Griechenland _____ **griechisch** _____

China _____ **chinesisch** _____ Indien _____ **indisch** _____

Mexiko _____ **mexikanisch** _____ Türkei _____ **türkisch** _____

Deutschland _____ **deutsch** _____ Italien _____ **italienisch** _____

Spanien _____ **spanisch** _____ Polen _____ **polnisch** _____

Frankreich _____ **französisch** _____ Norwegen _____ **norwegisch** _____

2 Read the signs below and fill in the appropriate adjective endings.

1. *mariniert* **er** *Lachs und Rot* **e** *Grütze*

2. deftig **e** Wurst- und Käsespezialitäten

3. kalt **er** Braten mit frisch **en** Erbsen

4. **ägyptisch** **es** Schisch-Kebab mit gegrillt **em** Fleisch

5. *griechisch* **er** *Salat mit gebraten* **en** *Kartoffeln*

3 This grocery store features international specialties. Look at the store window and complete the advertising flyer to the right.

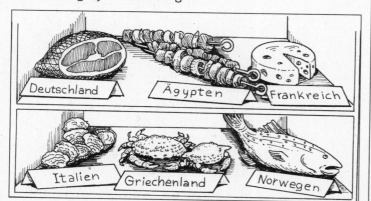

Deutschland Ägypten Frankreich

Italien Griechenland Norwegen

Feinkost Dahlemann
Haus der internationalen Spezialitäten

Wir haben ...

deutsch **en Schinken**

norwegisch **en Lachs**

französisch **en Käse**

italienisch **e Austern**

griechisch **e Krabben**

ägyptisch **es Schisch-Kebab**

4 Anja and Petra want to go out to eat tonight. They discuss the food at a particular restaurant to decide whether or not to go there. Complete their conversation by filling in the blanks with words and phrases from the box below.

mir   gesagt   scharfes   würziges   gehört   deftiges

ANJA   Ich würde gern in „Omas Restaurant" essen. Man hat _____mir_____ gesagt, dass die eine gutbürgerliche Küche haben. Da bekommt man gutes deutsches Essen: Kartoffeln, Rotkohl und gebratenes Fleisch, alles ganz mild. Du weißt ja, ich mag kein _____scharfes_____ Essen.

PETRA   Ja, ich habe auch _____gehört_____ , dass „Omas" ein tolles Restaurant ist. Es gibt dort ein _____deftiges_____ Pfannengericht, das sehr gut schmecken soll.

ANJA   Man hat mir _____gesagt_____ , dass man da auch ein paar ausländische Gerichte essen kann, zum Beispiel ein _____würziges_____ Schisch-Kebab, falls du was Schärferes essen möchtest.

PETRA   Jetzt habe ich großen Hunger. Gehen wir los!

5 Put together two appetizing meals from the choices below. Pick adjectives to describe the foods you select and write them on the menu placards. Use the signs from Activity 2 on page 126 as a model.

		Menü I	Menü II
mariniert	der Lachs		
würzig	die Krabben		
griechisch	das Schisch-Kebab		
gegrillt	der Schinken		
geräuchert	der Rotkohl		
gebraten	die Klöße		
mediterran	der Salat		
deutsch			

6 Paul is enthusiastic about things he wants to do, but his friend, Gustav, is in a terrible mood and is telling Paul all the bad things he has heard. Use the items in parentheses to formulate Gustav's responses.

BEISPIEL   PAUL Ich will nächstes Jahr Skilaufen lernen. (gefährlich)
GUSTAV **Ich habe gehört, dass Skilaufen sehr gefährlich ist.**

1.   PAUL Ich würde gern Medizin studieren. (man hat keine Freizeit)

GUSTAV **Man hat mir gesagt, dass man keine Freizeit hat, wenn man Medizin**

studiert.

2. PAUL   Ich will nächsten Sommer Urlaub in Afrika machen. (zu heiß)

GUSTAV **Ich habe gehört, Afrika soll im Sommer viel zu heiß sein.**

3. PAUL   Ich habe Lust, mir eine Katze zu kaufen. (zu teuer, muss zum Tierarzt bringen)

GUSTAV **Man hat mir gesagt, dass eine Katze zu teuer ist, weil man sie zum Tierarzt bringen muss.**

4. PAUL   In der Schule will ich Trompete lernen. (zu laut)

GUSTAV **Ich habe gehört, dass die Trompete zu laut ist.**

5. PAUL   Samstagabend habe ich vor, in die Disko zu gehen.

(ungesund, zu viele Leute rauchen dort)

GUSTAV **Man hat mir gesagt, dass die Disko ungesund ist, weil dort zu viele Leute rauchen.**

7 Write a dialogue using the following situation as a guide.

A German exchange student, Antje, has come to live with your family, and you would like to take her out for Mexican food, something she has never had before. However, she has heard a lot of negative things about Mexican food and expresses her reservations. You describe the food in a more positive light and convince her to give it a try.

Answers will vary.

_____

_____

_____

_____

_____

_____

_____

_____

_____

_____

_____

_____

KAPITEL 11 Zweite Stufe

Name _____ Klasse _____ Datum _____

◼ Dritte Stufe

1 Unscramble the following words. Then unscramble the circled letters to reveal what the words are parts of!

1. PSNUPE

2. SPENROVSIE

3. LEBIGEAN

4. SPINCANESHE

5. KRÄNTEGE

6. CHRIPHAUTGEET

S	u	p	p	e	n

V	o	r	s	p	e	i	s	e	n

B	e	i	l	a	g	e	n

N	a	c	h	s	p	e	i	s	e	n

G	e	t	r	ä	n	k	e

H	a	u	p	t	g	e	r	i	c	h	t	e

Das sind alle Teile von einer **S p e i s e k a r t e** .

2 Place the following foods under the appropriate headings.

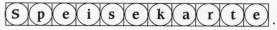

geräuchertes Filet   frische Erdbeeren   Eis   Klöße   gemischtes Gemüse
Rote Grütze   Schwarzwaldkuchen   Wiener Schnitzel   griechischer Salat
Seebarschfilet   Rotkohl   Sauerkraut
gefülltes Ei   Seezunge   Schweinerückensteak   rohe Austern

NACHSPEISEN	HAUPTGERICHTE	BEILAGEN	VORSPEISEN
frische Erdbeeren	Seezunge	Rotkohl	geräuchertes Filet
Rote Grütze	Seebarschfilet	Klöße	gefülltes Ei
Eis	Wiener Schnitzel	gemischtes Gemüse	rohe Austern
Schwarzwaldkuchen	Schweinerückensteak	Sauerkraut	griechischer Salat

3 Imagine that you are opening a restaurant with some of your friends. Create a menu for your new restaurant. Think about what sort of restaurant it will be (**griechisch, italienisch, amerikanisch,** etc), and choose dishes that are appropriate. Don't forget to put the name of your restaurant at the top of the menu!

_____

Suppen   *Vorspeisen*
_____   _____
_____   _____

Beilagen   *Hauptgerichte*
_____   _____
_____   _____
_____   _____
_____   _____

Nachspeisen   *Getränke*
_____   _____
_____   _____
_____   _____

4 You were eating dinner with a friend and his family. Fill in the blanks in these excerpts from the conversations you heard with forms of the verb **hätten**.

1. Der Vater sagt: „Wir _____ **hätten** _____ gern eine Speisekarte."

2. Dein Freund sagt: „Ich _____ **hätte** _____ lieber eine Suppe."

3. Der Kellner fragt: „Was _____ **hätten** _____ Sie gern?"

4. Die Mutter fragt euch: „_____ **Hättet** _____ ihr gern ein Stück Kuchen?"

5. Du fragst deinen Freund: „Was _____ **hätten** _____ deine Eltern gern?"

6. Die Mutter fragt dich: „Was _____ **hättest** _____ du gern?"

5 Ilke invited Thomas to go out to eat for his birthday. Reorder their dialogue in the proper sequence.

__8__	ILKE	Jetzt trinken wir auf dein Wohl, Thomas! Zum Wohl! Alles Gute!
__6/7__	ILKE	Ja, bringen Sie mir das gegrillte Schisch-Kebab mit Bratkartoffeln und einem gemischten Salat.
__3/4__	THOMAS	Ich hätte gern ein Spezi.
__5__	BEDIENUNG	Sind Sie so weit? Haben Sie schon gewählt?
__9__	THOMAS	Prost! Zum Wohl!
__1__	THOMAS	Bringen Sie uns die Speisekarte, bitte.
__6/7__	THOMAS	Ich hätte gern den Schinken mit Klößen und Rotkohl, bitte.
__3/4__	ILKE	Ich hätte gern ein Mineralwasser.
__10__	ILKE	Herzlichen Glückwunsch zum Geburtstag!
__2__	BEDIENUNG	Bitte sehr. Möchten Sie vielleicht ein Getränk, bevor Sie die Hauptgerichte bestellen?

6 Write a dialogue based on the following situation.

Look back at the menu you created in Activity 3 on page 130. Imagine that you are now waiting on a table of customers in your own restaurant, but the customers, since this is their first time there, don't know exactly what to order. They ask you for your suggestions. Which appetizers, drinks, main dishes, and desserts would you recommend? Do you convince the customers to try your recommendations, or do they select something else?

Answers will vary. _____

_____

_____

_____

_____

_____

_____

_____

_____

_____

_____

■ Zum Lesen

1 „Als meine Eltern beschlossen, nach Deutschland zu ziehen, waren meine Schwester Seving und ich Kinder." You have just read the first line of a text. Based on this alone, what do you expect to read about in the following passage?

Answers will vary. _____

2 Now read the text and answer the questions that follow.

Neu in Deutschland
Mustafa Örkan (20)

A Seving war noch ein Baby, ich war zehn. Meine Eltern wollten Geld verdienen und ein besseres Leben für sich und für uns haben. Zuerst haben sie nur Seving mitgenommen. Ich bin bei meinen Großeltern in der Türkei geblieben. Aber dann, als mein Vater eine Wohnung und Arbeit in einem Kohlenbergwerk in Dortmund gefunden hatte, kamen sie im Sommer zurück und wollten mich mitnehmen. Ich freute mich und sagte sofort „ja". Ich hatte aber auch viel Angst. Angst vor der neuen Umgebung, der fremden Sprache und den neuen Menschen.

B Die ersten Tage in Deutschland waren toll. Wir wohnten in einem Viertel, in dem es viele Türken gab. Die Deutschen nannten es „Klein Ankara". Dann begann das Schuljahr, und ich sollte eine Hauptschule besuchen. Ich kam in eine Vorbereitungsklasse, in der nur türkische Schüler waren. In einem Jahr lernte ich Deutsch! Natürlich nicht so gut wie ein Deut-

scher. Aber ich konnte viel verstehen und auch schreiben. Nur mit der Aussprache hat es am Anfang nicht so gut geklappt. Nach einem Jahr besuchte ich die sechste Klasse. In der Klasse waren jetzt auch deutsche Schüler, und ich musste doppelt so viel arbeiten, um keine schlechten Noten zu bekommen.

C Im Laufe der Zeit habe ich in Dortmund viele Freunde gewonnen und hatte auch keine Angst mehr vor meiner neuen Heimat. Nach etwa sieben Jahren machte das Bergwerk zu, und alle Arbeiter wurden entlassen, natürlich auch mein Vater. Da beschlossen meine Eltern, in die Türkei zurückzukehren. Für sie war es nicht schwierig, aber mir tat das sehr weh. Als wir wieder in Ankara waren, war fast alles so neu für mich wie damals, als ich zum ersten Mal nach Deutschland kam. Jetzt sind schon zwei Jahre vergangen, und ich studiere heute Germanistik in Ankara. Wenn ich mit dem Studium fertig bin, möchte ich wieder nach Deutschland kommen.

3 Answer the following questions based on what you read.

1. Why did Mustafa move to Germany?
   His father got a job in Germany. _____

2. What are some of the problems that Mustafa encountered as a foreign student in Germany? **had to learn German, had to work twice as hard** _____

3. Why did Mustafa leave Germany?
   The mine his father worked in closed and the family moved back to Turkey. ____

4 Reread each paragraph of the text and summarize in one or two sentences what each section is about.   **Answers may vary. Possible answers:**

A. **Mustafa's feelings about moving to Germany** _____

B. **living in Germany; learning German** _____

C. **moving back to Turkey** _____

Die Reinickendorfer Clique

Name _____ Klasse _____ Datum _____

■ Los geht's!

1 How would you get ready for a party for which you have invited a group of friends to your house? Complete the following checklist of things to do.

Answers will vary.

1. Zum Trinken muss ich _____

   und _____ besorgen.

2. Als Vorspeise kann ich ja _____

   und _____ anbieten.

3. Wenn jemand allergisch gegen _____ ist, kaufe ich lieber noch

   _____.

4. Zur Unterhaltung will ich unbedingt Musik von _____,

   _____ und _____ spielen.

5. Ansonsten gibt es dann noch _____ und

   _____ zum Essen, und diejenigen, die Vegetarier sind,

   können mein neues Rezept für _____ probieren.

6. Gäste, die etwas früher kommen, können mir dann beim _____

   und _____ helfen.

7. Und zur Party anziehen will ich _____ mit

   _____ und _____, denn das sieht total

   fesch aus!

■ Landeskunde

1 Based on what you know about dining in Germany, write down what you might order at each of the following eating establishments. **Answers will vary.**

    1. italienisches Restaurant

    _____

    _____

    _____

    2. Fastfood Restaurant

    _____

    _____

    _____

    3. Gaststätte

    _____

    _____

    _____

    4. Biergarten

    _____

    _____

    _____

2 Define or explain each of the following in terms of the customs and traditions in the German-speaking countries (see **Ein wenig Landeskunde** on page 339 of your textbook).

    1. Stammtisch

    _____

    _____

    2. des Menschen „bester Freund"

    _____

    _____

    3. Ist dieser Platz noch frei?

    _____

    _____

    4. ein Wassernapf in einem Lokal

    _____

    _____

    _____

■ Erste Stufe

1 Explain the difference between the following word pairs.

1. ein Pool / eine Schwimmhalle   **Answers will vary. Possible answers:**
   Ein Pool ist ein großes Becken mit Wasser, aber eine Schwimmhalle ist ein Gebäude.

2. ein Anfänger / ein Erfahrener
   Ein Anfänger lernt was Neues, aber ein Erfahrener macht das schon lange.

3. eine Bucht / ein Strand
   Eine Bucht hat Wasser, aber ein Strand hat Sand.

4. eine Insel / eine Oase
   Eine Insel ist im Wasser, eine Oase ist im Sand.

2 a. Complete the puzzle with the past participles of the verbs listed on the left.

1. schwimmen   G E S C H W O M M E N
2. passieren   P A S S I E R T
3. gewinnen   G E W O N N E N
4. tragen   G E T R A G E N
5. gehen   G E G A N G E N
6. sein   G E W E S E N
7. fahren   G E F A H R E N
8. anrufen   A N G E R U F E N
9. üben   G E Ü B T
10. sprechen   G E S P R O C H E N
11. haben   G E H A B T
12. langweilen   G E L A N G W E I L T
13. sehen   G E S E H E N

b. How many examples can you think of for the word in the shaded box?

Fisch, Hummer, Austern, Krabben, etc.

3 The Becker family just spent a week in Berlin. Based on the points of interest listed in the box, write an account of what they did during their vacation. Remember to use connectors in your narration.

> - das Pergamonmuseum besichtigen
> - sich Reste der Berliner Mauer anschauen
> - im berühmten Café Kranzler Kaffee trinken
> - einem Leierkastenmann zuhören
> - auf dem Kurfürstendamm bummeln
> - unter dem Brandenburger Tor stehen

Answers will vary. _____

_____

_____

_____

_____

_____

_____

_____

_____

4 For each cue given below, write two sentences using the appropriate preposition. Write one sentence indicating direction and one sentence indicating location.

1. die Schweiz
   a. Wir fahren jeden Sommer _____ **in die Schweiz** _____ .
   b. Warst du schon mal _____ **in der Schweiz** _____ ?

2. Ostsee
   a. Sabine fährt gern _____ **an die Ostsee** _____ .
   b. _____ **An der Ostsee** _____ ist das Wetter oft angenehm.

3. Kino
   a. Mit meiner Clique gehen wir oft _____ **ins Kino** _____ .
   b. _____ **Im Kino** _____ kaufe ich mir oft Eis, bevor der Film beginnt.

4. Alpen
   a. Zum Wintersport fährt meine Familie immer _____ **in die Alpen** _____ .
   b. Meiner Meinung nach sind die besten Skiresorts _____ **in den Alpen** _____ .

5. Insel Fehmarn
   a. Ich fahre jeden Sommer mit den Pfadfindern _____ **auf die Insel Fehmarn** _____ .
   b. Es gibt eine tolle Jugendherberge _____ **auf der Insel Fehmarn** _____ .

5 Ismar had a lot to do to get ready for his party. Trace his route around town and describe where he went and what he did.

anschließend	Markt
zuerst	Postamt
danach	Kaufmann
dann	Musikgeschäft
hinterher	Metzger
schließlich	Schreibwarengeschäft
daraufhin	Konditorei

Kuchen kaufen
Brief einstecken
Limo holen
3 neue CDs kaufen
frisches Obst und Gemüse aussuchen
Batterien für die Fernbedienung kaufen
Hackfleisch holen

BEISPIEL **Zuerst ist der Ismar ins Schreibwarengeschäft gegangen, dort hat er neue Batterien für die Fernbedienung gekauft.**

Answers will vary.

_____
_____
_____
_____
_____
_____
_____
_____
_____
_____
_____
_____

6 You have decided to spend a week at the *La Santa* resort because of the many features and activities it has to offer. Write a note to a friend convincing him or her to join you there. Use the layout on page 334 in your textbook as the basis for your arguments. Choose at least five different features or activities in which you think he or she would be interested.

Answers will vary.

_____
_____
_____
_____
_____
_____
_____

KAPITEL 12 Erste Stufe

■ Zweite Stufe

1 Write sentences using the command forms of the verbs indicated. **Answers will vary. Possible answers:**

1. ihr / essen **Esst den Brokkoli!** _____

2. du / kaufen **Kauf ein Pfund Hackfleisch!** _____

3. du / trinken **Trink deine Milch!** _____

4. ihr / lesen **Lest die Zeitung!** _____

5. du / nehmen **Nimm einen Apfel!** _____

6. ihr / vergessen **Vergesst nicht, den Müll zu sortieren!** _____

2 Do you know the origin of these dishes? Demonstrate your culinary knowledge by writing a sentence indicating the origin of each dish.

BEISPIEL   **Paella ist ein typisch spanisches Gericht.**

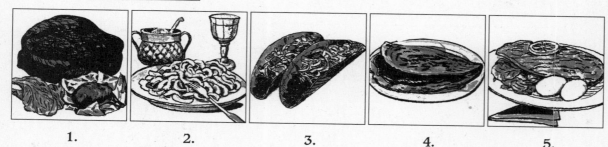

1.   2.   3.   4.   5.

1. **Steak ist ein typisch amerikanisches Gericht.** _____

2. **Fettucine ist ein typisch italienisches Gericht.** _____

3. **Tacos ist ein typisch mexikanisches Gericht.** _____

4. **Crêpes Suzette ist ein typisch französisches Gericht.** _____

5. **Schnitzel ist ein typisch deutsches Gericht.** _____

3 **Was gibt es zum Essen?** Write sentences beginning with **es gibt** and using the cues given. Write out the abbreviations.

1. griech. Salat m. griech. Oliven

   Es gibt griechischen Salat mit griechischen Oliven.

2. ital. Eis m. heiß. Schokolade

   Es gibt italienisches Eis mit heißer Schokolade.

3. gut gewürzt. Rindersteak m. amerik. Kartoffeln

   Es gibt gut gewürztes Rindersteak mit amerikanischen Kartoffeln.

4. ein. süß. Nachspeise m. frisch. Obst

   Es gibt eine süße Nachspeise mit frischem Obst.

5. ???

   Answers will vary.

4 You and your parents are in a restaurant. The waiter comes to take your order. Write down what each of you orders, using expressions from the box.

> **Bringen Sie mir bitte ...**　**Ich habe gehört, dass ...**　**... bitte!**　**Kann ich ... haben?**
> **Ich hätte gern ...**　**Ich nehme ...**　**Für mich ...., bitte!**

KELLNER　So, was darf's sein? Möchten Sie zuerst etwas trinken?

MUTTER　**Answers will vary.** _____

VATER　_____

DU　_____

KELLNER　Und wer möchte eine Vorspeise?

MUTTER　_____

VATER　_____

DU　_____

KELLNER　Was bekommen Sie nun als Hauptgericht?

VATER　_____

MUTTER　_____

DU　_____

KELLNER　Wie wäre es mit einer Nachspeise?

VATER　_____

MUTTER　_____

DU　_____

5 You are visiting a friend, who is trying to get you to leave. For each hint he gives to convince you to go, you have a response.

BEISPIEL

        FREUND Der Jahrmarkt ist gerade auf dem Marktplatz.
            DU **Das ist ein guter Vorschlag!** or **Nein, da ist es mir zu laut!**

FREUND Die Karten für das Pearl-Jam-Rockkonzert sind ab 13 Uhr zum Verkauf.

DU **Answers will vary.** _____

FREUND Die Fete bei Ute geht um 7 Uhr los.

DU _____

FREUND Es soll gleich anfangen zu regnen.

DU _____

FREUND Ihr habt morgen eine schwere Matheprüfung.

DU _____

FREUND Der neue Film mit Tom Cruise läuft heute Nachmittag im Kino.

DU _____

6 Describe your favorite dish. What is the name of it? What are its ingredients? Give directions on how to prepare the dish. **Answers will vary.**

■ Dritte Stufe

1 After having read the article on Franziska van Almsick in your textbook on page 341, how would you define the following words from the text?

1. Schlabberpulli
   a. ein Pulli für Kleinkinder, den sie beim Essen tragen
   b. ein Pulli, der viel zu groß, aber fesch ist *(circled)*
   c. ein Pulli, der vom Regen nass geworden ist
   d. ein Pulli, den man beim Schwimmen trägt

2. Jungstar
   a. ein neuer Stern in der Galaxie
   b. ein Idol
   c. ein junger Spitzensportler *(circled)*
   d. Name ihres Schwimmvereins

3. Hochgeschwindigkeitsbaden
   a. ein schnelles Bad nehmen
   b. Wettschwimmen *(circled)*
   c. in einen Pool springen
   d. im Wellenbad schwimmen

4. Beobachter
   a. ein Zuschauer *(circled)*
   b. ein Kellner
   c. ein anderer Athlet
   d. Name einer Zeitung

2 How many vocabulary words from the **Dritte Stufe** can you find in this **Wörterbogen?** You must use letters in order, but you can skip letters you don't need.

ARWEIHLODNJETOGERLJTACOKENT

BEISPIEL	**elegant**	**Karo**
	weit	**Loch**
	Ringel	**Wildlederjacke**

3 **Was trägst du gern?** Write four sentences describing articles of clothing you like to wear, using the words in the boxes at the right.

modisch blau
elegant weiß
groß schwarz
salopp ???
gestreift

???
Smoking Jeans
Abendkleid
Hemd Pulli
Bluse Schuhe
Wildlederjacke

BEISPIEL **Ich trage sehr gern einen großen Pulli.**

Answers will vary.

_____

_____

_____

_____

_____

_____

4 Imagine that your friends have come to you for advice about what to wear in the following situations. **Was schlägst du vor?**

BEISPIEL Ellen geht in die Disko tanzen.
Ich würde mir eine Jeans mit einem ganz tollen Hemd anziehen.

1. Jason ist zu einer Hochzeit eingeladen. **Answers will vary. Possible answers:**
   Ich würde mir einen dunkeln Anzug anziehen.

   _____

2. Maria muss mit ihren Eltern auf einen Ball gehen.
   Ich würde mir ein richtiges Ballkleid anziehen.

   _____

3. Elisabeth geht Freitagabend auf eine Geburtstagsfete.
   Ich würde mir einen schönen Pulli, eine Jeansweste und eine Jeans anziehen.

   _____

4. Michael hat Karten für das Rolling-Stones-Konzert.
   Ich würde mir was ganz Bequemes und Turnschuhe anziehen.

   _____

5. Matthew weiß nicht, was er zur Schulfeier anziehen soll.
   Ich würde mir eine dunkle Hose und ein weißes Hemd anziehen.

   _____

5 Lothar and Rudi are trying to decide how to spend their summer vacation. What do you think they want to do? Compose their conversation based on the pictures below.

BEISPIEL

LOTHAR **Wohin möchtest du lieber? In die Berge oder an die Ostsee?**

RUDI **Also, ich fahre doch lieber in die Berge.**

Answers will vary. Possible answers:

1.  **Möchtest du lieber mit der Bahn oder mit dem Fahrrad fahren?**

Ich fahre lieber mit der Bahn.

2.  **Was nimmst du lieber, den Rucksack oder den Koffer?**

Also, ich nehme doch lieber den Rucksack.

3.  **Gehst du lieber ins Museum oder ins Theater?**

Ich gehe lieber ins Theater.

4.  **Übernachtest du lieber in einem Hotel oder in einer Jugendherberge?**

Ich übernachte lieber in einer Jugendherberge.

6 You have received a generous spending allowance to refurbish your entire wardrobe. What changes would you like to make? What colors, fabrics, and accessories would you like to have in your wardrobe?

Answers will vary. _____

_____

_____

_____

_____

_____

_____

■ Zum Lesen

1 Do you participate in an extracurricular activity? If so, what is it and how much time (i.e. how many hours per day/week) do you practice on average?

Answers will vary.

_____

_____

2 This article focuses on a girl named Franziska van Almsick. Read the article, and then answer the following questions.

SCHWIMM-AS

Sie ist erst 14 Jahre jung und schon ein Schwimmstar. Die Berlinerin Franziska van Almsick jagt Rekorde. Vier Medaillen gewann sie bei den Olympischen Spielen in Barcelona. Sie war bereits Weltrekordlerin über 50 Meter und 200 Meter Freistil sowie über 100 Meter Lagen — und ein Ende der Erfolgsserie ist nicht in Sicht. Fotografen und Fans belagern Franziska bei jedem Wettbewerb. Ein Reporter sprang sogar einmal ins Schwimmbecken, um sie zu interviewen. Glücklich über ihren Ruhm ist die Berlinerin nicht immer. „Das ist nicht so schön, wie man denkt. Der Leistungsdruck wird zu groß." Franziska hofft, daß sie auch als Star ein normaler Mensch bleibt. Außerdem ist sie davon überzeugt, daß auch sie irgendwann einmal bei einem Wettbewerb versagt. Denn: „Jede Serie hat einmal ein Ende", meint Franziska.

"Schwimm-As" from *JUMA: Das Jugendmagazin*. Reprinted by permission of *Tiefdruck Schwann-Bagel GmbH*.

1. Wie erfolgreich war Franziska bei den Olympischen Spielen in Barcelona?
   Sie hat vier Medaillen gewonnen.

2. Worin hält sie bereits Weltrekorde?
   50 Meter und 200 Meter Freistil und 100 Meter Lagen

3. Woran merkt man, dass das junge Mädchen so populär ist?
   Fotografen und Fans belagern sie bei Wettbewerben, ein Reporter sprang sogar ins

   Schwimmbecken.

4. Was hält die Schwimmerin von ihrer Popularität?
   Sie ist nicht immer glücklich, weil der Leistungsdruck zu groß wird.

5. Glaubt Franziska, dass sie für immer und ewig neue Rekorde aufstellen kann?
   Nein, sie glaubt, dass sie irgendwann einmal nicht mehr alle Schwimmwettbewerbe

   gewinnen wird.

3 Was hältst du vom Leistungssport? Mit welchem Alter sollte man mit dem Leistungssport anfangen, wenn überhaupt? Was sind die Vor- und Nachteile des Leistungssports bei Jugendlichen?

Answers will vary.

_____

_____

_____

■ Für mein Notizbuch

_____

_____

_____

_____

_____

_____

_____

_____

_____

_____

_____

_____

_____

_____

_____

_____

_____

_____

_____

_____

_____

_____

_____

_____

■ Für mein Notizbuch

KAPITEL 2 Notizbuch

Holt German 2 Komm mit!

■ Für mein Notizbuch

■ Für mein Notizbuch

■ Für mein Notizbuch

■ Für mein Notizbuch

■ Für mein Notizbuch

■ Für mein Notizbuch

■ Für mein Notizbuch

■ Für mein Notizbuch

■ Für mein Notizbuch

Holt German 2 Komm mit!   Übungsheft, Teacher's Edition   **155**

■ Für mein Notizbuch